北京语言资源高精尖创新中心项目"语言识别理论及语言数量统计的方法论研究"(KYR17018)成果

● 太湖片

吴语徽语江淮官话方言关系计量研究

赵志靖 著

● 宣州片

● 旌占片

中国社会科学出版社

图书在版编目(CIP)数据

吴语徽语江淮官话方言关系计量研究/赵志靖著. —北京：中国社会科学出版社，2024.3
ISBN 978-7-5227-3199-5

Ⅰ.①吴…　Ⅱ.①赵…　Ⅲ.①汉语方言—方言研究　Ⅳ.①H17

中国国家版本馆 CIP 数据核字(2024)第 049735 号

出 版 人	赵剑英
责任编辑	慈明亮　王　越
责任校对	王　龙
责任印制	戴　宽

出　　版	中国社会科学出版社
社　　址	北京鼓楼西大街甲 158 号
邮　　编	100720
网　　址	http://www.csspw.cn
发 行 部	010-84083685
门 市 部	010-84029450
经　　销	新华书店及其他书店

印刷装订	北京君升印刷有限公司
版　　次	2024 年 3 月第 1 版
印　　次	2024 年 3 月第 1 次印刷

开　　本	710×1000　1/16
印　　张	12.25
字　　数	189 千字
定　　价	69.00 元

凡购买中国社会科学出版社图书，如有质量问题请与本社营销中心联系调换
电话：010-84083683
版权所有　侵权必究

前　言

　　长期以来，汉语方言的分区、分类都采用定性的特征判断方法。近年来，方言学界取得很多重要成果，如《汉语方言地图集》（曹志耘，2008）、《中国语言地图集》（第二版·汉语卷）（中国社会科学院等，2012）、《汉语方言学大词典》（詹伯慧、张振兴，2017）等，具有极高学术价值。有关汉语方言分区划界方面也取得卓越成就，从早期章太炎的十类说、黎锦熙的十二系说，到 20 世纪 30 年代赵元任的"九区说"、李方桂的"八区说"、王力的"五大支系理论"，再到 20 世纪 50 年代丁声树、李荣八大方言提法，80 年代詹伯慧等的七大方言区主张，李荣的十大分区架构，集中反映了方言工作者对汉语方言的认识。但是，以上方言划分的结果并不一致，存在分歧和争议，还有待继续探讨。如晋语、徽语、平话是否应该独立出来，客赣方言是否应该合并，等等。定性的特征判断方法虽然一直是学界采用的经典方法，但是，具有一定的主观性和一条标准难以贯彻到底的问题。

　　此外，传统分类方法所选取的词汇量较大，方言数量多，因此，工作量巨大，耗时耗力。

　　最后，传统的汉语方言分区分类按"点—小片—片—区—大区"的层次进行划分，有大量的信息无法表达，体现不出方言间的亲疏远近程度以及和整体之间的相互关系，也就是说，不能反映同类或异类方言之间同异的程度和距离；没法描述同方言区不同层次之间或不同方言区相同层次之间方言关系的分歧程度，无法从整体上去把握方言内部的错综复杂的方言关系，无法做方言之间关系程度的量化描述。

20世纪70年代以来随着计算机的广泛应用,语言学科也基本上摆脱了过去手工排卡片的历史,采用特征统计法开展定量的统计分析研究,就是利用计算机对语言的各种基本特征如复辅音、松紧元音、长短元音、声调等进行数量统计从而得出其在语言中的频率分布。郑锦全(1988)、王士元(1992)、陆致极(1987)等用这种方法对汉语方言的分类做过研究,研究结果很大程度上可以印证传统定性分类的合理性,同时也包含许多新的分类信息。特征统计法虽然效率高,且分类精细,但特征统计法中的特征选择和特征权重的赋值具有一定的主观性。除此之外,定量的特征统计法只反映方言之间的亲疏关系,不能反映不同方言的不同变化速度以及方言之间的距离。词源统计法虽然能够对语言间关系做量化描述,但其本质是同源词的选取问题,而这就依赖于专家经验,因此,该方法并不客观,容易引起争议。

由此可见,定性的特征判断方法和特征统计法以及词源统计法都存在一些不易解决的难点,期待新的研究范式。

近年来,国外学者借鉴生物学上的表型特征识别和进化思想对具有亲缘关系的语言进行分类,使得大规模语言相似关系的分类成为可能。其中尤为值得关注的是德国马克斯—普朗克进化人类学研究所(以下简称"马普所")语言学系的相似性自动判断程序(automated similarity judgment program,以下简称ASJP)项目。该项目的目标是:为所有语言提供一种用于分类的客观方法;对词汇项目的历史和区域特性进行统计分析。ASJP项目成果已在世界部分语言获得检验,并得到历史语言学家群体的认可。ASJP项目的核心是词汇语音编辑距离。客观的语言距离的测量方法是基于语言本身的差异,编辑距离在测量语言或方言间距离方面是有效的。编辑距离可应用于不同的语言学领域,如计算语言学和方言学等。Kessler于1995年第一次利用编辑距离测量爱尔兰盖尔语方言间的语言距离。从那以后,有很多的研究都用这种方法来测量语言或方言间的距离,例如将编辑距离应用于测量荷兰方言、撒丁语、挪威语、斯堪的纳维亚语和德语等。以上大部分研究的是欧洲语言。除此之外,编辑距离还被应用于印欧语系、南岛语系、突厥语、印度伊朗语系、玛雅语系、米塞—索克语系、奥托—

前　言

曼格安语系、Huitotoan-Ocaina、Tacanan、Chocoan、穆斯科格语系、南亚语系等。编辑距离在德国马普所已有实践，获得较好成果，被证明是研究西方语言之间的语言距离的有效方法。编辑距离指的是字符串 A 转化为字符串 B 所需的最少编辑权。那么相应地应用到语言学中，即一个语言变体的一串语音表达可以对应到另一个语言变体的一串语音表达所需的最小编辑权。编辑距离可以发现一个语音变换为另一个语音所需的最少编辑操作数。我们假设这反映了语音差异的感知方式和语言演化过程中的变化现象，那么基于任何一个关系词的不同语言的语音表达间的编辑距离，即不同语言间的语言距离就可以被计算出来了。

但是，Greenhill 对基于编辑距离的语言分类方法提出了质疑。Greenhill（2011）通过对南岛语族的语言数据进行二次抽样，选取其中的三个语言子集来测试该语言分类方法的性能。结果表明，编辑距离法的分类结果与历史比较法相比，其正确率只有 40%；通过使用统一的标音法对语言进行标音后，其正确率提高到最高 65%。他认为，编辑距离法不能精确地辨识语言之间的关系，并且，导致该方法性能低的主要原因是编辑距离在语言学方面的幼稚性。

基于 Greenhill 的研究结论，本书利用 Almeida & Braun 调音系统对传统的编辑距离算法进行了改进，提高了编辑距离语言分类方法的性能。然后，利用印欧语六种语言和汉语五大方言对改进的编辑距离算法进行了验证试验。试验结果表明，改进编辑距离算法的分类结果与已有的传统语言学的研究结果是基本一致的，进而说明本书的改进编辑距离算法是可行的，其分类结果是可信的、客观的，可用于语言相似关系的计算并对其进行自动分类。本书的目标是遵循计算语言学的原则，利用计算机手段，建立客观的、不依赖人主观判断的、可重复的语言分类系统。本书采用计算机技术和统计方法，依据一定的数学模型，编制特定的计算机程序来研究语言之间的相似关系，使得语言相似关系的研究形式化、算法化、自动化。

以上系统化的语言相似关系计量研究实现了算法化、自动化，不依赖人的主观意识判断。最后，本书将上述建立好的分类系统应用于吴语、徽语、江淮官话（上海市 12 个方言点、江苏省 70 个方言点、浙江省 90 个方言点、安徽省45个方言点,共217个汉语方言点)之间关系的研究中,并提出了一些自己的看法。

对217个汉语方言的计量研究表明,本书提出的改进编辑距离语言分类方法可以应用于东亚语言的研究中,完全可以拓展至中国境内所有语言或方言,从而对中国的语言或方言做出全面而准确的比较科学的分类。

跟前人的分类对比,本书的结论使以前争论不清、各有疑问的问题在新的创新研究下呈现出新的价值和意义,无论持什么分类观点的学者,都可以从本书中受到启发。本书方法对长久以来学术界因为传统语言学研究产生的争论提供一种可能的解决方案,是传统语言学研究的有益补充,也为语言计量研究提供了一条新思路。本书方法能应用于非常大的语言样本,这有利于大规模语言数据的统计研究,同时可以揭示之前未知的语言发生关系。

目 录

前言 ·· 1

第1章 吴语徽语江淮官话关系研究概述 ······························· 1
1.1 吴语 ··· 2
1.2 徽语 ··· 6
1.3 江淮官话 ·· 8
1.4 吴语、徽语、江淮官话的关系 ······································ 10
1.5 本书研究角度 ··· 20

第2章 汉语方言关系研究方法论 ·· 24
2.1 特征比较法 ·· 24
2.2 计量法 ·· 32
2.3 自动相似关系判断法 ·· 54
2.4 本书采用的方法 ·· 60

第3章 编辑距离算法与改进 ·· 64
3.1 序列比对 ··· 64
3.2 编辑距离算法简介 ··· 66
3.3 元音及辅音间距离的计算 ·· 78
3.4 基于 Almeida & Braun 调音系统的编辑距离算法改进 ········ 84
3.5 语言距离计算 ··· 85
3.6 语言距离分析 ··· 92

第4章 改进编辑距离算法的验证 ·· 96
4.1 印欧语 ·· 96

  4.2 汉语方言 ·· 103
  4.3 总结 ·· 118

第5章 吴语徽语江淮官话分类研究 ························· 119
  5.1 语料来源 ·· 119
  5.2 方言语音比较及聚类 ····································· 121
  5.3 结果与分析 ·· 131

结　语 ·· 176

参考文献 ··· 180

第1章　吴语徽语江淮官话关系研究概述

从李方桂发表 Languages and Dialects（1936—1937）[①]、赵元任发表 Language and Dialects in China（1943）[②]开始，汉语方言的分区分类就成为汉语方言学的重要课题之一。对汉语方言进行各层次的分类，目的是对方言之间的共时差别及其历史源流问题进行解释与说明。

汉语是世界上方言分歧比较大的语言之一。汉语方言丰富多彩，彼此之间的差别参差不齐，有些方言是"近亲"，有些方言是"远戚"。这种亲疏不一现象既显示出了汉语方言共时上的差异，也反映出了汉语方言历时发展过程中的一些重要变异。几十年以来，汉语方言学者普遍关注的学术热点之一就是汉语方言的分区分类，但很难取得比较满意的结果。近十多年以来，随着汉语方言的宝藏不断被挖掘，汉语方言的面貌逐渐清晰，很多学者对汉语方言分区分类理论和方法的理解也不断趋向于科学化、合理化，方言分区分类更加趋向明细。然而，目前的方言分区分类还有许多关键问题没有得到更圆满的解决，关于汉语方言分区分类方面的争论也没有停止过，也还有一些方言土语的归属至今难以定论。

---

① Li, Fang Kuei（李方桂）, *Languages and Dialects*, The Chinese Year Book, The Commercial Press, 1937, 第 121—128 页.

② Chao, Yuen Ren（赵元任）, *Languages and dialects in China*, The Geographical Journal, 1943, 102 (2): 63-66.

1.1 吴语

吴语，又称吴方言或江浙话。据《中国语言地图集》第 2 版 (2012)，吴语主要分布在江苏省东南部、上海市和浙江省、安徽省，此外，江西省、福建省也有少数地区说吴语，其分布面积约 137500 平方千米，使用人口 7379 万[①]。

吴语的共同特征主要有以下几点[②]。

（1）古全浊声母今仍读浊音，古清声母今仍读清音，两者有别。古"帮滂并、见溪群、端透定"今音在发音方法上三分。例如"帮泡旁"今温州话三分，读作[p- ph- b-]。

（2）古"疑"母今读鼻音，洪音前作[ŋ]，细音前作[ȵ]，不与"影"母相混。例如苏州话"岳"[ŋoʔ^{23}]、"玉"[ȵioʔ^{23}]。

（3）古"微"母今有文白异读，一般文读作[v]，白读作[m]。例如苏州话"味"[vi/mi]。

（4）古"日"母今有文白异读，一般文读作[z]，白读作[ȵ]。例如上海话"日"[zəʔ^{12}/ȵiɪʔ^{12}]，温州话"日"[zai^{212}/ȵai^{212}]。

（5）咸山两摄字今音一般不带鼻韵尾，读口音或半鼻音。例如"山"字，温州话读[sa^{33}]，嵊州话读[sɛ̃^{412}]。

（6）入声保留，分阴阳两类，多数地点收喉塞音尾。例如绍兴话"竹"[tsoʔ^{5}]、"毒"[doʔ^{2}]。

《中国语言地图集》第 2 版 (2012) 汉语卷将吴语分为 6 片：太湖片、台州片、金衢片、上丽片、瓯江片、宣州片。太湖片最大，分为毗陵、苏

[①] 中国社会科学院语言所等编：《中国语言地图集·汉语方言卷》（第 2 版），商务印书馆 2012 年版。汪平、曹志耘：B1-14, 吴语，第 103 页。
[②] 游汝杰：《汉语方言学教程》，上海教育出版社 2004 年版，第 9 页。

第1章 吴语徽语江淮官话关系研究概述

嘉湖、上海、杭州、临绍、甬江6个小片。上丽片分为上山、丽水2个小片。宣州片分为铜泾、太高、石陵3个小片。习惯上还把吴语分为北部吴语和南部吴语，北部的人口略多，南部的面积略大。北部吴语分布在江苏省南部和浙江省北部，内部差别小，只有一个太湖片；南部吴语都在浙江省，内部差别大，分成台州、金衢、上丽、瓯江各片。宣州片的发现较晚，主要分布在安徽省皖南地区和江苏省西南角。具体如下[①]：

（1）太湖片

①毗陵小片

江苏省：常州市（钟楼区、天宁区、戚墅堰区、新北区） 武进市（今并入常州市） 溧阳市 金坛市（东部） 宜兴市 江阴市 丹阳市 溧水县（东庐等四乡） 高淳县（东部） 张家港市（北部大部分地区，原沙洲县西部） 泰州市（部分乡镇） 南通市（部分乡镇） 通州区（金沙镇及其东部） 海门市（偏北部分） 启东市（偏北部分） 靖江市（靠北大部）

安徽省：郎溪县（北部定埠、梅渚等乡，西北部建平、东夏、幸福等乡） 广德县（北部下寺乡的庙西，南部芦村乡的甘溪及东亭乡部分村庄）

②苏嘉湖小片

江苏省：苏州市（金阊区、沧浪区、平江区，以及原属吴县的虎丘区，吴中区，相城区） 张家港市（东部） 常熟市 吴江市 昆山市 太仓市 无锡市（崇安区、南长区、北塘区、滨湖区，以及原属无锡县的惠山区、锡山区） 常州市（除钟楼区、天宁区、戚墅堰区、新北区以外地区）

浙江省：嘉兴市（秀城区、秀洲区） 平湖市 海宁市 桐乡市 嘉善县 海盐县 湖州市（吴兴区、南浔区） 长兴县（包括县城在内的部分地区，西部边境官话移民区除外） 德清县 安吉县（包括县城在内的部分地区，西部边境官话移民区除外） 杭州市（旧余杭市、拱墅区乡下部分、江干区乡下部分、西湖区部分乡下）

③上海小片

上海市：城区（黄埔区、卢湾区、徐汇区、长宁区、静安区、普陀区、

[①] 中国社会科学院语言所等编：《中国语言地图集·汉语方言卷》（第2版），商务印书馆2012年版。汪平、曹志耘：B1-14，吴语，第103—105页。

闸北区、虹口区、杨浦区） 闵行区（原上海县） 浦东区（原川沙县） 嘉定区 宝山区 南汇区（今并入浦东区） 奉贤区 松江区 金山区 青浦区 崇明县

江苏省：启东市（偏南大部） 海门市（偏南大部） 通州区（原南通县东南少部） 如东县（东南少部） 靖江市（西南少部） 张家港市（原沙洲县少量崇明移民）

需要说明，改革开放以来，上海、苏南地区吸引了来自全国各地，包括台湾省的大量人员，有些地方外地人超过了本地人，其中也有相当数量来自不同时期的外地人，他们中很多不说吴语。

④杭州小片

浙江省：杭州市［拱墅区（城区部分）、上城区、下城区、江干区（城区部分）、西湖区（城区部分和龙井、灵隐等7个村）、滨江区（部分）］

⑤临绍小片

浙江省：杭州市（萧山区即旧萧山市、滨江区部分） 临安市（包括县城在内的部分地区，旧昌化县昌北区及旧于潜县北部边境除外） 富阳市 桐庐县 建德市（下包、乾潭、钦堂、安仁等乡镇） 绍兴市 诸暨市 上虞市 嵊州市 绍兴县 新昌县 慈溪市（包括县城在内的部分地区） 余姚市 义乌市（大陈镇北部的红峰、燕窝二村） 磐安县（胡宅乡）

⑥甬江小片

浙江省：宁波市 鄞县（今并入宁波市） 慈溪市（观城镇及其以东地区） 奉化市 宁海县（包括县城在内的部分地区，岔路及其以南除外） 象山县 舟山市（定海区、普陀区） 岱山县 嵊泗县

（2）台州片

浙江省：宁海县（岔路以南地区，不包括岔路） 台州市（椒江区、黄岩区、路桥区） 临海市 温岭市 三门县 天台县 仙居县 玉环县（包括县城在内的部分地区） 磐安县（方前镇、高二乡） 乐清市（清江以北）

（3）金衢片

浙江省：建德市（姚村乡、檀村镇及航头镇的梅岭、珏塘、石木岭、宙坞源等村） 淳安县（南部与衢州市辖区交界的少数村，如安阳乡乌龙、

黄家源、红山岙、嵊岭村，大墅镇田门宅村） 金华市（婺城区、金东区）
兰溪市 永康市 义乌市（包括县城在内的部分地区） 东阳市 浦江县
武义县（包括县城在内的部分地区） 磐安县（包括县城在内的部分地区）
衢州市（柯城区、衢江区） 龙游县 缙云县

（4）上丽片

①上山小片

浙江省：淳安县（西部与开化、常山交界的少数村，如安阳乡泉水村，大墅镇田门宅、洞坞村、枫树岭乡木花坑、枫香埂、大源村） 江山市 常山县 开化县（包括县城在内的部分地区）

江西省：上饶市（信州区） 德兴市（陇头乡） 上饶县 广丰县 玉山县 铅山县（鹅湖镇、傍罗乡、青溪镇）

②丽水小片

浙江省：武义县（旧宣平县地区，包括柳城、桃溪、坦洪、大溪口、三港、新塘、西联、竹客、明山、云华、泽村、登云、大源、俞源、宣武等15个乡镇） 丽水市［市辖区（莲都区）］ 龙泉市 青田县（包括县城在内的部分地区） 云和县 遂昌县 松阳县 庆元县（包括县城在内的部分地区） 景宁畲族自治县 文成县（旧南田区） 泰顺县（包括县城在内的罗阳、司前、竹里、黄桥、碑排等乡镇）

福建省：浦城县（包括县城在内的部分地区） 政和县（北部岭腰乡的高山、外楼等村）

（5）瓯江片

浙江省：玉环县（部分地区） 青田县（东部旧温溪区及黄垟、万山等乡） 温州市（市辖鹿城区、龙湾区、瓯海区） 瑞安县（包括县城在内的部分地区） 乐清市（包括县城在内的部分地区） 永嘉县 文成县（包括县城在内的部分地区） 平阳县（包括县城在内的部分地区） 泰顺县（东北部莒江、新浦、包垟、连云、翁山、百丈、峰门、筱村部分、洪口部分和横坑部分等乡镇，俗称"莒江话"） 洞头县（黄岙、大门、浪潭、鹿西、霓南、三盘、元觉等乡镇） 苍南县（龙港、湖前、灵江、渎浦部分、沪山部分、沿江、龙江大部、宜山、铁龙、平等、江山、凤江、

天井部分等乡镇）

（6）宣州片

①铜泾小片

安徽省：铜陵市　铜陵县　泾县　宁国市（青龙、济川、东岸等乡）　繁昌县　南陵县（北部西部及东南角奚滩乡一带）　宣城市［宣州区北部西部，及南部溪口乡金牌（东风）］　芜湖县（万春区除外）　当涂县［除城关镇、新桥乡、黄山乡、银塘乡、江心乡、西河乡（以上6乡镇说江淮官话）、湖阳乡、博望镇、新博乡（以上3乡镇属吴语太高小片）］　青阳县（童埠、杜村二乡及酉华乡杨柳地）　池州市（城区东部）　石台县［东部六都、七都（含河口）、七井］　黄山市［黄山区（旧太平县），西部杨家岭一带，北部龙门以北］

②太高小片

江苏省：高淳县（西部）　溧水县（偏南少部）

浙江省：临安市［旧昌化县昌北区（除新桥乡的桥头、坦里、西舍坞、芦塘、榧川、尖山一带以外）］

安徽省：黄山市（黄山区东部南部）　宁国市（限南部南极等乡）　当涂县（湖阳乡、博望镇、新博乡）

③石陵小片

安徽省：石台县［中部七里、贡溪、横渡（含兰关）］　青阳县（东南陵阳等乡，含城关旧派）　泾县（限西南厚岸、包合、水东三乡）　黄山市（黄山区西北三丰地区部分乡村）　池州市（限南部灌口一带）

1.2 徽语

徽语，又称徽州话或徽州方言，是汉语方言的一种，于20世纪80年代后期才被确定下来。根据《中国语言地图集》第2版（2012）所述，徽语分布在新安江流域的旧徽州府包括今属江西的婺源，浙江的旧严州府淳安、建德、遂安、寿昌（1958年，淳安、遂安合并成为淳安县，寿昌县并入建德县）和临安浙川（方言岛，由绩溪移民聚居形成），以及江西的德兴、旧浮梁县今属江西的景德镇等地，处于整个皖南地区的南部，共计19个县市区[①]。

徽语的共同特点大体有以下几点[②]：

（1）古全浊声母字不分平仄，读全清音，多数地点读送气清音。例如屯溪音蚕[tshɔ⁵⁵]；遂安音直[tɕhie²¹³]。

（2）鼻尾多脱落，同时多以-n尾作小称。例如屯溪话"燕儿"[ia:n²⁴]，其中的[n]是儿尾，表示小称。

（3）许多日母字今读零声母，如建德话"人"[iŋ⁴⁴]。

（4）泥来两母不分。例如淳安话"脑=老"[lɣ⁵⁵]。

《中国语言地图集》第2版（2012）汉语卷将徽语分为5片：绩歙片、休黟片、祁婺片、严州片、旌占片。具体如下[③]：

（1）绩歙片

安徽省：绩溪县　歙县（桂林乡多江北、浙南移民除外）　旌德县（南部仕川村、版书乡模范村和联和村、西南洪川一带）　宁国市（南部洪门乡）

浙江省：临安市（顺溪镇的新燕以西至昱岭关之间，马啸乡的浙基田、浪广、银龙坞一带，新桥乡的桥头、坦里、西舍坞、芦塘、榧川、尖山一带）　淳安县（北部严家乡同乐庄村及其以北的十几个村，屏门乡大源里村）

（2）休黟片

安徽省：黄山市［徽州区原歙县西乡（岩寺）等地、黄山区西南郭村

---

① 中国社会科学院语言所等编：《中国语言地图集·汉语方言卷》（第2版），商务印书馆2012年版。赵日新：B1-21，徽语，第146页。
② 游汝杰：《汉语方言学教程》，上海教育出版社2004年版，第18页。
③ 中国社会科学院语言所等编：《中国语言地图集·汉语方言卷》（第2版），商务印书馆2012年版。赵日新：B1-21，徽语，第150—151页。

等乡、屯溪区] 休宁县 黟县 祁门县（东南凫峰一带）

浙江省：淳安县（西北角与休宁交界的樟村乡高笋塘、下家坞村） 开化县[齐溪镇（除齐溪田、大龙、官台、岭里等村以外）]

（3）祁婺片

安徽省：祁门县 东至县（东南木塔一带）

浙江省：开化县（苏庄镇）

江西省：婺源县 景德镇市（限于旧浮梁县） 德兴市（陇头乡属吴语处衢片龙衢小片，除外）

（4）严州片

浙江省：淳安县（含旧遂安县，除北部严家乡同乐庄村及其以北的十几个村，屏门乡大源里村） 建德市（含旧寿昌县，除属吴语太湖片临绍小片的下包、乾潭、钦堂、安仁等乡镇，属吴语金衢片的姚村乡、檀村镇及航头镇的梅岭、珧塘、石木岭、宙坞源等村） 开化县（马金镇、何田乡、霞山乡、塘坞乡及齐溪镇的齐溪田、大龙、官台、岭里等村）

（5）旌占片

安徽省：旌德县 祁门县[安凌镇（芦里行政村说"军话"，除外）、雷湖乡（星星行政村说"军话"，除外）、赤岭乡（赤岭、联合两个行政村说"军话"，除外）] 石台县（占大镇、大演乡、珂田乡） 黟县（美溪、柯村、宏潭三乡） 宁国市（胡乐乡一部分）

1.3 江淮官话

江淮官话，俗称下江官话，主要分布于安徽省长江两岸地区，江苏省长江以北大部分地区（徐州地区除外），长江南岸镇江以上、南京以下地区及江西省沿江地区、湖北省黄冈孝感地区，是汉语官话方言中的一种次方言。另外，浙江省的个别地方也有说江淮官话的。江淮官话比较集中地分布在 108 个县市区，还有少量分布在其他一些县市，说江淮官话的总人

第1章 吴语徽语江淮官话关系研究概述

口大概是 8605 万人[①]。

江淮官话作为官话方言的下位分区，有一些语音特点是官话方言所共有的。如古全浊声母今读清音，塞音、塞擦音平声送气，仄声不送气；鼻辅韵尾只有[-n]、[-ŋ]两个。此外，江淮官话还有一些语音特点是区别于其他官话方言区的。整体来看，本区方言是官话方言中唯一既有入声又有塞音韵尾的方言，同时还有几套入声韵母。此外，本区许多地区[ts]、[tʂ]不分；全区[ən]、[ŋ]不分；有的方言点去声是分阴阳的。这些特点都是官话方言一般性特点之外的[②]。

《中国语言地图集》第 2 版（2012）汉语卷将江淮官话分为泰如片、洪巢片、黄孝片三片。具体如下[③]：

（1）泰如片

江苏省：泰州市（海陵区、高港区） 泰兴市 姜堰市（原泰县） 兴化市 南通市（崇川区、港闸区） 通州市（原南通县，西部部分地区） 如皋市 如东县 海安县 东台市 大丰市

长江以南的常州市武进区、江阴市、张家港市等地有少量江淮官话岛分布，也属于泰如片。

（2）洪巢片

江苏省：南京市（玄武区、秦淮区、鼓楼区、建邺区、白下区、下关区、雨花台区、栖霞区） 江浦县（并入南京市） 六合区 溧水县（靠北的大部） 镇江市（京口区、润州区） 丹徒县（大部分乡镇并入镇江市） 扬中市 句容市 金坛市（西部） 丹阳市（部分乡镇） 扬州市（广陵区、维扬区） 仪征市 江都市 高邮市 宝应县 靖江市（沿江少数乡镇，以上在长江以北） 盐城市 盐都县（今并入盐城市） 射阳县 阜宁县 滨海县 响水县 建湖县 淮安市（清河区、清浦区） 金湖县 盱眙县 洪泽县 涟水县 沭阳县 泗阳县 泗洪县 连云港市

[①] 中国社会科学院语言所等编：《中国语言地图集·汉语方言卷》（第2版），商务印书馆 2012 年版。刘祥伯：B1-9，官话之九—江淮官话，第 75 页。

[②] 侯精一：《现代汉语方言概论》，上海教育出版社 2002 年版，第 36 页。

[③] 中国社会科学院语言所等编：《中国语言地图集·汉语方言卷》（第2版），商务印书馆 2012 年版。刘祥伯：B1-9，官话之九—江淮官话，第 75—82 页。

（新浦区、连云区、海州区）　灌云县　灌南县

安徽省：合肥市　肥西县　霍山县　肥东县　六安市　怀远县（南部孝仪乡、马城镇、城关镇、常坟镇、东庙乡、朱疃乡、犯河乡、姚山乡、梅桥乡、兰桥乡、陈集乡、找郢乡、魏庄乡、荆芡乡）　淮南市　长丰县　明光市　全椒县　定远县　巢湖市　天长市　来安县　滁州市　无为县　和县　庐江县　含山县　舒城县　马鞍山市　当涂县（西部城关镇、江心乡、新桥乡、银塘乡、黄山乡、西河乡）　芜湖市　青阳县　南陵县　池州市（西北部）　东至县（北部大渡口、姜坝等）　宣城市　广德县（限县城、东亭）　郎溪县　宁国市（南部宁墩、大龙、狮桥、中溪、万家、中田等东南部山区，以及城西竹峰、青龙等）　铜陵市　繁昌县（荻港、赤沙等）　铜陵县（大通、安平等）　芜湖县（万春区、花桥乡一半）　泾县（童疃乡）　旌德县（县城、蔡家桥等地。铜陵县以下6县市城关新派）　石台县（部分乡镇）

除了安徽、江苏之外，浙江省安吉县的姚村、章村一带以及临安市的部分村庄也有少量该片方言的分布。

（3）黄孝片

安徽省：桐城市　枞阳县　安庆市

江西省：九江市　九江县　瑞昌市

湖北省：广水市　安陆市　云梦县　应城市　孝感市　大悟县　孝昌县　武汉市（新洲区、黄陂区）　鄂州市　黄冈市　红安县　团风县　麻城市　英山县　罗田县　浠水县　黄梅县　蕲春县　武穴市

1.4　吴语、徽语、江淮官话的关系

从历时层面来看，在西晋以前，徽语区与江淮官话区应该是吴语区。

从共时层面来看，徽语内部的共性不够突出，与吴语最近，与江淮官话方言的距离较大；安徽宣州片吴语与洪巢片江淮官话的关系，似乎并不

第1章 吴语徽语江淮官话关系研究概述

像江苏北部吴语与通泰片江淮官话的关系那么紧密。

从地理来看,吴语、徽语和江淮官话在地域上是连成一片的,它们之间具有较多共同的特征。一般认为,它们相互之间是由于某种渊源关系的存在或是长期的共处而形成了一些共同的地域特征。

吴语、徽语和江淮官话的共同之处有:见系开口二等字通常都有文白异读,效摄多无元音韵尾,深臻曾梗摄阳声韵相混,皆有入声,等等。

从中古全浊声母今读来看,徽语近似赣语,从韵母系统来看,徽语近似吴语、江淮官话。因此,徽语可看作江淮官话跟吴语的过渡地带。

徽语与吴语关系紧密。徽语从吴语脱胎而来,此后,二者又长久地密切接触。所以,徽语与吴语的关系是很密切的,它们在语音、词汇、语法上都有很多相同的地方。

安徽境内的宣州片吴语的特点有:①古浊塞音的闭塞成分较轻,不少已转化为通音,并伴随清送气;浊塞擦音多已转化为擦音,部分地方有的字读清音,但多数仍跟全清、次清声母相对立;②见系开口二等字白读为[k]组声母拼洪音;③日疑母今多读鼻音;④咸山宕江四摄阳声韵大都无鼻韵尾,读为鼻化韵或阴声韵,曾梗摄与深臻摄阳声韵相混;⑤蟹摄效摄不带元音韵尾;⑥泥来母大多不混;⑦声调多为阴平、阳平、上声、去声和入声五类,全浊上多归去声,入声自成一类。声调也有多到七类(平去入各分阴阳)少到四类的(平分阴阳,清入次浊入归上声,上声去声自成一类,全浊入归阴平)情况。除了全浊声母的今读有较大差异外,宣州片吴语的上述特点与徽语大体相同,略有差异。

此外,徽语与吴语的儿化和小称音丰富多样,儿化形式也大致一样,并且有大体一致的发展道路。

徽语和吴语在语法上也存在很多共同点,比如均有动词的后置性成分"起(先)"与"添";"头"尾词丰富,在吴语、徽语中,"头"尾的作用和用法大致一样;动词四叠式相当于"V着V着";动词重叠带补语含有完成的意味(比如"洗洗干净_{洗干净了}"等);动词重叠带宾语表示轻松短暂(比如"看看报纸_{看报纸}","烧烧水_{烧水}","买买菜_{买菜}"等);动词重叠后加"看"(或加相当于"看"的成分)含有尝试的意味,"看"的应用比较广泛（比如"叫渠声看 试着喊他一声"，等等）。

徽语与江淮官话的共同之处主要有两点：①均存在入声。②咸山两摄失去鼻韵尾，读作鼻化韵。这两个特点应该都与吴语有关系。因此，这种共同特点从大的方面来说有两个层次，即较早层次和较晚层次。较早层次的共同特点大都与吴语底层或区域方言特征有关；较晚层次的共同特点一般与普通话的影响有关。

徽语与吴语的相同点大都要么是"原生""发生学上"的关系所致（较早层次的相同点），要么是都受了普通话的影响所致（较晚层次的相同点）。徽语与江淮官话的共同之处要么是二者均跟吴语存在相同点，要么都是受了普通话的影响；徽语和江淮官话的底子均是古吴语，但相对来说，江淮官话受普通话的影响较大，以至于"官话化"了，而徽语受普通话的影响更小，吴语成分得到了更多的保留。

根据鲍明炜（1986）考定，"魏晋南北朝时南京方言属吴语，今属北方方言，由吴语向北方方言的转变是很大的"[①]。刘丹青（1997）在《南京话音档》中描述："江淮方言区，自古处于南北两大语言文化区的中间地区，比如，称没有入声的北方各方言为'侉'，称吴语区等南方地带的方言为'蛮'，至今该地区居民仍有此居中心理。由于这一区域居民的流动十分复杂、频繁，因此较为稳固、定型的江淮方言区形成地较晚。江淮方言是在长期融合这一地区原有的南方方言（以吴语为主）和历代不断南下的北方人的方言中逐步形成的。"[②]

赵日新（2000）的《论官话对徽语的影响》一文通过对11个包含语音、词汇和语法的语言特征从徽语向官话靠拢的事例来说明："官话对徽语的影响不小，总体而言，徽语特征由南向北渐次减少，官话特征由南向北逐渐增多"[③]这一现象。

[①] 鲍明炜：《南京方言历史演变初探》，载《语言研究集刊》第一辑，江苏教育出版社1986年版，第376页。

[②] 刘丹青：《南京话音档》，上海教育出版社1997年版，第44—45页。

[③] 赵日新：《论官话对徽语的影响》，钱曾怡，李行杰主编《首届官话方言国际学术讨论会论文集》，青岛出版社2000年版，第367—369页。

1.4.1 江淮官话分片的讨论

江淮官话的内涵，覆盖面究竟延伸到哪里，有很多值得商榷的地方。《中国语言地图集》（1987）采取李荣的说法把汉语方言分为十区，即官话、晋语、吴语、赣语、徽语、湘语、粤语、闽语、客家话、平话，又把官话区分成八个次方言区，江淮官话就是其中的一个次方言区。1987版《中国语言地图集》把江淮官话分成三片，即洪巢片、泰如片和黄孝片，其分片依据三个标准：①入声是否分阴阳；②古仄声全浊声母字今读塞音和塞擦音时是否送气；③"书虚、篆倦"两对字是否同音。洪巢片的调类是五个，即阴平、阳平、上声、去声和入声；古入声字今读入声，不分阴阳；古仄声全浊声母字今读塞音和塞擦音时是不送气的。泰如片则入声分阴阳，古仄声全浊声母字今读塞音和塞擦音时多数字是送气的。"书虚、篆倦"两对字而言，黄孝片是同音的，洪巢片和泰如片是不同音的。另外，黄孝片的调类有六个，即阴平、阳平、上声、阴去、阳去和入声，区别于洪巢片的五个调类；黄孝片的入声不分阴阳及一律读长调，而泰如片的入声分阴阳及一律读短调。

丁邦新（1998）把下江官话划分为四区，分别是京话、苏中、滨海和皖南，其依据是四个条件，即 ts:tʂ、z:l、入声调类、阴阳去的区分。具体划分是，以南京为代表的官话划归南京官话；以扬州和盐城为代表的江苏中部的官话划归苏中官话；以泰州和如皋为代表的江苏境内较靠海的官话划归滨海官话；以绩溪为代表的安徽南部方言划归皖南官话[①]。

对于江淮官话的分区，以上根据语言特征的划分并不一致，而最易引起争论的问题是"江淮官话"该不该包含皖南徽州一带的方言。争论主要存在两种意见：一种是把它独立成与官话并立的"徽语"，另一种是仍然把它看待为江淮官话次一级的方言。

1.4.2 徽语独立的讨论

关于徽州方言的归属一直众说纷纭。有的意见赞成独立，有的意见不

[①] 丁邦新：《论官话方言研究中的几个问题》，《丁邦新语言学论文集》，商务印书馆1998年版，第209—249页。

赞成独立，有的意见把它归入吴语，有的意见把它归入赣语，有的意见把它归入江淮官话。

章炳麟的《检论·方言》将汉语方言区分为九种，他在其中就曾指出："东南之地，独徽州、宁国处高原，为一种。厥附属者，浙江衢州、金华、严州，江西广信、饶州也。"①

赵元任（1962）认为："在全国方言区中，徽州方言的分类是非常困难的。在民国二十七年，我在给申报六十周年出版的《中国分省新图》画方言图时，让徽州话自成一系。原因是，所有的徽州话全部分阴阳去，近似吴语，而声母都无浊塞音，又近似官话。但若嫌全国方言分区分类太琐碎的话，那就还是以音类为重、音值为轻最好，换句话说，徽州方言算是吴语的一种。"②从这以后，许多学者多将这一带方言笼统地归入吴语或江淮官话或赣语。

丁邦新（1974）认为"皖南的徽州方言似乎又是自成一类的。它跟别的方言的关系现在还不知道"③。

袁家骅等（1960）认为："皖南徽州方言，有点近似吴方言或赣方言，其正确的分区分类还有赖于今后详细的调查研究。"④詹伯慧（1981）则认为，皖南话是归属于江淮方言的一个土语群："分布于安徽南部地区与浙江交界地带，包括原属徽州府管辖的歙县、休宁等地。皖南话语音特点突出，其内部差异复杂，所以有学者曾考虑将其独立成一个方言区。"⑤

雅洪托夫（1986）认为："这个方言（指皖南方言——引者）是非常特殊的，其各土语是那么不一样，似乎不容易提出这个方言的任何共同点。可能从反面描写它更好……那些无法归入官话，或者赣语，或者吴语的方言组成皖南方言。"⑥

---

① 赵日新：《赵日新方言研究文集》，北京语言大学出版社2019年版，第105—106页。
② 赵元任，绩溪岭北音系：《故院长胡适先生纪念论文集》（上册），载《历史语言研究所集刊》（第三十四本），中华书局1962年版，第27—30页。
③ 丁邦新：《董同龢先生语言学论文选集》，食货出版社1974年版，第353页。
④ 袁家骅等：《汉语方言概要》，文字改革出版社1960年版，第22页。
⑤ 詹伯慧：《现代汉语方言》，湖北人民出版社1981年版，第98页。
⑥ [苏]谢·叶·雅洪托夫著，唐作藩、胡双宝选编：《汉语史论集》，北京大学出版社1986年版，第125页。

第1章 吴语徽语江淮官话关系研究概述

赵日新（2001）认为："徽语的底子是古吴语，从发生学的角度来说，即使徽语在后来的发展过程中受到了其他方言的影响，尤其是权威方言的影响，而混入了一些其他方言的特征，但这些特征还不足以促使徽语'官话化'，所以徽语是受官话影响比较大的吴语，可划入吴语，从而成为吴语的'徽严片'。"[①]

1939年，上海申报馆发行了《中国分省新图》第四版，1948年，该馆又发行了《中国分省新图》第五版，徽州方言（或称皖南方言）在这两版新图中的《语言区域图》里都是独立自成一支的（李荣，1985）[②]。自此之后，各家的分区大多都没有把徽州方言独立出来，主要原因还是对这些皖南方言了解得不多。但也有不少学者已经感觉到皖南的徽州方言确实有很多鲜明的特点，再把它放到"官话区"中恐怕就不合适了。例如：《中国语言地图集》（1987）采取李荣的说法，将皖南的方言区单独绘成一幅图，把它独立成"徽语"。侯精一（2002）等认同李荣之说，参考近些年来安徽南部徽州方言的调查研究成果，把"徽语"跟官话大方言并立，且认可其特殊地位并编入教材[③]。对于上述做法，詹伯慧（2001）持保留意见："至于是否把徽州方言独立为一个方言区，与'官话'等方言区并列，或者把其作为几个大方言间的一个特殊方言片来处理这个问题，还须从全局的角度出发来进一步考虑。"[④]丁邦新（1998）拿绩溪话与江苏的南通话作比较，以此提出暂时将皖南方言划入下江官话中，至于是否把皖方言独立一支这个问题，仍需进一步考证[⑤]。

方言研究的基础是汉语方言的分区工作，学界会有不同的分区意见，原因主要有两方面，一是对方言实际情况认识程度不同，二是对方言认识程度基本一致，但在如何确定和划分方言标准的把握上就不一样了。丁邦

[①] 赵日新：《徽语跟周围方言的关系——兼谈徽语的归属》，《第二届国际吴方言学术研讨会论文集》，2001年，第104页。
[②] 李荣：《官话方言的分区》，《方言》1985年第1期。
[③] 侯精一主编：《现代汉语方言概论》，上海教育出版社2002年版，第88—115页。
[④] 詹伯慧等：《汉语方言及方言调查》，湖北教育出版社2001年版，第61页。
[⑤] 丁邦新：《汉语方言区分的条件》，《丁邦新语言学论文集》，商务印书馆1998年版，第215页。

新（1998）认为：绩溪话与南通话相比较，二者有不少相同的表现，比如：都有 ŋ-；ts:tʂ不分；ts、ts'、s 不配齐齿韵；"渴：客"不同；an:aŋ 分读为ã:õ；都分阴阳去；z̩:l 不等；ən:əŋ 不分，等等。二者不相同的表现有两个，一个是，绩溪话不分 n、l，而南通话分 n、l；另一个是，绩溪话有一种入声，而南通话有两种入声。其实，n:l 分就是中古泥母和来母合不合流的问题，那是下江官话和西南官话共同具有的现象，只能说"大致相混"。入声的多少也是滨海和皖南间部分搭界的问题。于是，他把皖南方言划归下江官话[①]。侯精一（2002）赞同徽语独立的意见，并且提出了徽语的五个语音特点，其中有四个语音特点跟江淮官话有别：①古全浊声母清化，古浊塞类声母不分平仄以读送气清音为主；②全浊上保留读上声为主，连调变化发达且主要是前字变调；③简化了声调，以六调为主。古清去浊去有别，而调值并于平上的；④有鼻音式儿化小称音变[②]。但是我们认真推敲后发现：徽语的声母都无浊塞音，这跟官话区的表现近似，且江淮官话泰如片古仄声全浊声母字今读塞音和塞擦音时多数字也送气。这样一来，第一条特点跟江淮官话就没有什么区别了，而这实际动摇了徽语独立理据的基础，即古全浊声母今读是否送气。伴随着对皖南地区积极深入地开展方言研究工作，学者们逐渐挖掘出了徽州方言的特征。"徽语"是否独立，这个争论的分歧点其实是学者所选择的区分方言标准的不同，比如丁邦新（1998）与侯精一（2002）。两位学者都是以语音特征作为区分标准，但却是从不同的角度来进行论述的，比如对声母、韵母和声调等特征的选取就存在着不同，这样一来就产生了不一样的结果。如果能够找到所谓的"徽语"跟江淮官话间"对内有一致性并且对外有排他性"的语言特征，那么"徽语"独立与否就非常清楚了。但是，这项工作很难做到，其原因在于地域是相通的，人们的相互交往又是非常频繁的，如此一来，方言之间就会呈现出"同中有异，异中有同"的局面，方言的分区自然也就产生了争议。

---

① 丁邦新：《汉语方言区分的条件》，《丁邦新语言学论文集》，商务印书馆1998年版，第215页。

② 侯精一主编：《现代汉语方言概论》，上海教育出版社2002年版，第88—115页。

1.4.3 官话与吴语的关系

从地理分布上看,江淮官话南部与北部吴语接壤,大体以长江为界,但边界线并不与长江完全重合。江北启东、海门、通州(部分)、靖江(部分)仍说吴语,江南南京、镇江等地已属江淮官话。溧水、句容、金坛、丹徒、丹阳、靖江、通州为官话与吴语的交界地带。此外,官话和吴语区内部分别含有吴语与官话的方言岛,如吴语区内杭州说官话,官话区内如东、射阳境内部分村镇操吴语。

从历史层次及现今方言的分布上看,官话和吴语之间仍有不少音位对应,这说明两大方言都曾属于同一个古老的音系。扬雄《方言》并提吴扬、吴扬江淮、吴楚衡淮,可见吴语和江淮官话自古以来关系就很密切。江淮之间曾为吴语区,南京(建业)是三国时期吴国都城,自魏晋南北朝始,历代北人不断南下,江淮之间的吴语性质发生根本性转移,渐次官话化。

吴语和官话在语音、词汇、语法方面均有明显差别。语音上,吴语更多地保留古音,如保留全套古浊声母,而全浊声母在官话已全部清化。词汇方面,吴语有很多特征词,如"二十"常用"廿",否定副词"不"用"勿"(弗、否)等。语法方面,动补结构后的宾语常常前置,如"我饭吃过了(我吃过饭了)"等特征,都与官话相区别。

同时,由于历史、地理因素,两者之间关系又十分密切。江淮官话是官话与吴语的过渡地带,常常兼具官话与吴语的特点。如官话方言大部分地区入声已消失,但江淮官话仍保留入声,古入声字与吴语一样合为喉塞尾 [-ʔ]。双宾语句中直接宾语与间接宾语的位置,官话大部分地区间接宾语在直接宾语之前,如"给我一本书",而江淮官话和吴语一样,直接宾语在间接宾语之前,为"把本书我"。总体来说,官话与吴语有很多相互影响、吸收的成分。

1.4.4 吴语和徽语的关系

吴语主要分布在江苏省东南部、上海市、浙江省、安徽省中南部、福建省北部以及江西省东北角等地。徽语分布在整个皖南地区的南部,即新安江流域的旧徽州府包括今属江西省的婺源,浙江省的旧严州府以及江西省的德兴和旧浮梁县今属景德镇市等地。若从地理分布上来看,徽语在东、南、东北部均跟吴语接壤。

从历史来看,徽语与吴语的关系可以追溯至东汉建安十三年。当时,孙权派贺齐讨伐山越,平黟和歙,置新都郡于今浙西、皖南山区(相当于新安江流域),治理始新县(今属淳安县),自此汉人大量进入现徽语地区。这一地区地形复杂,交通不便利,新安江水路是最重要的通道。新安江北通杭州,南接金华和衢州,故进入该区域的汉人要么来自吴语区,要么途经吴语区。由此推断,徽语的形成应该是基于早期吴语。唐代中期到唐代末期乃至两宋之际,徽语区接纳外来移民的一个重要特点是人口迁徙,到徽州和严州定居的北方人有不少是第一次人口迁徙浪潮的继续,其中有的人是辗转数个地方才最后定居徽州和严州的。换句话说,现徽语区的早期居民在人口迁徙过程中多数在现吴语区、赣语区或官话区(主要是江淮官话)逗留过长短不一的时间。

徽语内部分歧极大,并未形成一种所谓的权威方言,几乎找不到"对内具有同一性,对外又具有排他性"的特征,徽语的共同特点大多也为其他东南方言所具备。除了帮滂并、端透定、见溪群三分及"打"字合于德冷切之外,今天的徽语在声调系统、韵母系统、小称形式以及词汇、语法方面仍具有不少与吴语相同的特征。徽语分化于吴语皆因其几乎失去全浊音,但其连读变调简单,文白异读不丰富,韵母及句法和词汇上接近金衢等处南部吴语,从广义来看,可归属吴语—徽严片。如与吴语及赣语相较,徽语的声母系统接近赣语,但韵母和词汇类似于南吴,因此,可以视为吴语和赣语的混合型方言。从发生学角度来看,即便徽语在后期的发展中受其他方言特别是权威方言的影响而混入了其他方言的一些特点,这些特点也不足以使徽语"官话化",徽语是受官话影响较大的吴语,把吴语和徽语并称为"吴徽语",甚至把徽语看作是吴语的一个片(徽严片),应该是可行的。

和吴语一样,徽语保留了很多的中古汉语的特征,如入声、次浊音、文白异读,并且小部分地区还保留全浊声母。如太平方言的仙甘次方言区包括仙源、甘棠和郭村等地,语音上有一整套全浊声母,如古唇浊塞音

"并"母，今读[b]；舌尖中浊塞音"定"母今读[d]；舌根浊塞音"群"母，今读[g]，又读[z]；舌尖和舌面塞擦音"从""澄""船"母，今读[z]，又读[z]；古浊声母"奉"母，今读[v]，"崇"母，今读[z]。

徽州话有很多常用词语与吴语相同，如：汏洗、囥藏、交关、落苏、温吞水、辰光、物事、落雨、落雪、吃烟、吃茶、活络、打烊、蚊虫、推板、搭界、笃定、结棍、上昼、下昼、牢靠、斫树、便当、荡马路、拆烂污、猪头三、打中觉等。表示"天"时间的词根大多用"日"和"朝"，如：今朝、今日、明朝、明日、后朝、后日……上半日、下半日、日朝、日日等。

语法方面与吴语相似的有：①徽语量词"只"用得很多，如：一只牛、一只电脑、一只石头。②数量词上一般说"两"，不说"二"。③"来"和"去"直接跟地名构成述宾结构，不说成"到……来/去"，如：吾去上海我到上海去。④可以把谓语动词后的补语成分"不过"，置于宾语之后，说成"动词+宾语+不过"的句子，如：昂打渠不过我打不过他。⑤形容词做状语时前加"叫"。如：尔畀我好好叫伲念书你给我好好读书。

1.4.5 徽语与江淮官话的关系

从历史来看，在西晋以前，徽语区和江淮官话区都是吴语区。徽语与江淮官话的共同特点，从大的方面来说有两个层次：较早层次的共同特点大多与吴语底层有关系，较晚层次的共同特点与北方官话的影响有关。

鲍明炜（1991）指出江淮方言的四个特点："①有入声；②咸山摄大部分地区有[on]、[an]的对立；③古全浊声母今读清音，大部分地区逢塞音、塞擦音平声送气仄声不送气；④人称代词有你、我、他。"[①]对照上述四个特点，徽语跟江淮官话的共同点只有"有入声"这一点。

在语音上，徽语与江淮官话的共同点主要有两个：①都有入声；②咸山两摄失去鼻韵尾，读为鼻化韵。这两个点均跟吴语有关系，徽语与江淮官话的入声实际上都是古吴语入声遗留下来的。

在基本词汇上，徽语跟江淮官话的共同点不太明显，一些共有的基本

---

① 鲍明炜：《江淮方言的特点》，《汉语方言学会第六届年会论文集》，1991年。

词汇大多也是徽语跟吴语所共有的。

在语法上,江淮官话的"子"后缀很丰富,而相对来说,徽语的"子"尾词则非常不丰富;江淮官话中有"大树挨吹倒了"的句式,而徽语无类似的句式,徽语被动句中施事通常必须出现;江淮官话中一般有"可VP"式与"VP不VP"式两种反复问句,而徽语中无"可VP"式,大多使用"VP不VP"式和"VP不"式;徽语中有动词的后置性成分"添"与"起",相比较来说,江淮官话则不多见;徽语动词重叠(或加补语)表示完成、动词后加"看"表示尝试("看"的附着面非常广)、动词前加一个"介词+方位词"组成的短语表示进行体,等等,江淮官话则较少看到此类现象。

鲁国尧(1988)通过研究指出:"江淮间本是吴语区,直至公元四世纪,北方方言把吴语逐退到江南武进、常熟一线。但这一地带的官话具有吴语的底层,千百年以来,因为通泰地区僻处东隅,所以,保留了较多的古代语言包括吴语的底层的特点,因此,现代通泰方言跟吴语有很多相似之处,比如阳声韵尾的脱落使元音鼻化、韵母单元音化、山咸摄的一等和二等元音有差别等等。"[①]以上情况跟徽语有些相似,在徽语和江淮官话中,吴语底层成分的多少随地而异,但相比江淮官话,徽语更多地保留了吴语成分。江淮官话通泰片的官话地位最值得怀疑,它与吴语的边界也一直是方言学研究的难题。相比较其他江淮官话,通泰片方言跟徽语之间有更多的共同特点,比如古全浊塞音、塞擦音声母字不论平仄今读送气清音声母等。

1.5 本书研究角度

语言学家通过研究语言材料的有规律的对应关系来确定语言的发生学

[①] 鲁国尧:《泰州方音史与通泰方言史研究》,*Computational Analyses of Asian and African Languages* 第30期,日本东京外国语大学亚洲言语文化研究所,1988年,第149—224页。

第1章 吴语徽语江淮官话关系研究概述

关系，然而，由于语言发展历史已无法再现、语言发展过程无法重复、语言亲缘关系无法直接观察，学者们只能利用语言的共时特征来进行重建和推导。在语言的研究过程中，不同学者有不同的认识和理解，因而会出现不一样的语言分类结果，即使他们都是按照历史语言学的原则和方法来进行研究的。长期以来，汉语方言的分区、分类一直采用的是同言线的方法，也就是定性的特征判断法。近些年来，方言学界取得了很多重要研究成果，比如《汉语方言地图集》（曹志耘，2008）[1]、《中国语言地图集·汉语方言卷》（第二版）（中国社会科学院等，2012）[2]、《汉语方言学大词典》（詹伯慧、张振兴，2017）[3]等，都具有极高的学术价值。关于汉语方言分区划界方面也取得了突出的成绩，如章太炎的"十类说"、黎锦熙的"十二系说"、赵元任的"九区说"、李方桂的"八区说"、王力的"五大支系理论"，以及丁声树和李荣的八大方言提法、詹伯慧等的七大方言区主张、李荣的十大分区架构，以上分区划界结果集中体现了方言学者对汉语方言分区的认识和理解。但是，上述方言分区划界的结果并不一致，存在着一些分歧与争议，还有待学界继续研究和探讨，比如晋语、平话、徽语的独立与否，客赣方言的合并与否等。另外，目前汉语方言研究中还存在着一些不容易确定其归属的方言土语。

传统上，研究汉语方言之间的关系，语言学家使用的都是定性的特征判断方法，具体操作时，大家先设定一些方言特征（可能是共时的，也可能是历时的），如古入声的归派、古代全浊声母的清化、动词及其宾语的位置、词汇系统的使用情况等，然后用这些特征去检验各地的方言，依据这些特征在各地方言的反映情况，给方言划分大区，在此基础上进一步考察方言之间的亲疏关系或亲缘关系。传统的特征判断方法在具体划分方言时，有着非常强的实用性，并且在描写方言间存在差异的原因上，能够清楚地说明方言演变的来龙去脉。但是，在划分方言之间的界限标准的选择

---

[1] 曹志耘：《汉语方言地图集》，商务印书馆2008年版。
[2] 中国社会科学院语言研究所，中国社会科学院民族学与人类学研究所，香港城市大学语言资讯科学研究中心：《中国语言地图集》，商务印书馆2012年版。
[3] 詹伯慧、张振兴：《汉语方言学大词典》，广东教育出版社2017年版。

上，人为的主观规定比较多，这样一来就难以取得一致的意见。而且，如果比较的方言数量较少的话，比如只比较四五种方言，这样的计算量，学者们手工就可以完成的。但是，在实际操作过程中，学者们是需要比较大量的方言之间的关系，这个时候，手工计算就很难完成任务了，耗费的时间和精力会非常多。最后，传统的汉语方言分区分类按"大方言—次方言—土语群—方言点"（1987年版《中国语言地图集》后提出了"点—小片—片—区—大区"的层次划分法）的层次进行划分，有大量的信息无法表达，体现不出方言间的亲疏远近程度以及和整体之间的相互关系，也就是说不能反映同类或异类方言之间同异的程度和距离；没法描述同方言区不同层次之间或不同方言区相同层次之间方言关系的分歧程度，无法从整体上去把握方言内部的错综复杂的方言关系。为此需要建立新的研究范式。

语言学家在确定语言之间关系的具体操作过程中，难免会有主观性判断的成分，其更多地依赖于专家经验。本书针对语言关系研究中出现的争议和分歧，试图建立客观的、不依赖于人主观判断的、可重复的语言分类系统。对此，有专门的语言学科——数理语言学进行相关研究。数理语言学是应用数学思想和数学方法来研究语言现象的一门语言学科，它使语言学与现代数学、计算机科学等学科发生密切的联系。计算语言学是其中的一个分支，专指利用电子计算机进行语言研究，是计算机和语言学相结合的产物。1894年，瑞士语言学家索绪尔（Ferdiand de Sausure）认为，可以用数学公式有规律地表达语言中的量和量之间的关系；1933年，美国语言学家布龙菲尔德（Leonard Bloomfield）认为，数学是语言所能达到的最高境界。本书期望基于计算语言学理论和方法用定量的研究方法建立方言之间的客观关系。对于方言之间关系的研究，用定量的方法还处在起步的阶段，至今能看到的关于方言关系计量研究的文章或专著，还是十分有限的。之所以会出现这种情况，一是因为研究者不可能掌握所有的知识领域，如数理的、统计学的、计算机科学的知识就比较缺乏；二是因为研究者受到了传统的研究方法的局限。诚如学者王士元所说："除了像郑锦全所作的先驱性研究这样不多的例外，实质上并没有多少人去努力地建立一种量化

第 1 章 吴语徽语江淮官话关系研究概述

的语言关系的客观根据。"[①]伴随着计量研究在现代语言学中的逐步应用，我们尝试用数据定量分析方法去研究方言之间的关系，希望建立一种量化的方言关系的客观根据。

本书采用计算机技术和统计方法，依据一定的数学模型，编制特定的计算机程序来研究语言之间的相似关系，使得语言相似关系的研究形式化、算法化、自动化。主要研究思路：①把语言的词汇的语音成分看作变量，研究语言变量之间的相关程度，推断词汇的变异情况；②根据词汇之间的数量关系，对不同语言的同一义项的词汇进行比较、统计，确定语言之间的变异情况；③把语言集团的语言变异与语言相似关系结合起来，测定不同语言之间的相似关系，确定语言之间的聚类情况；④利用历史语言学的研究成果验证上述计量研究思路的可信性、可行性；⑤形式化、系统化上述计量研究思路。

以上系统化的语言相似关系计量研究实现了算法化、自动化，不依赖人的主观意识判断，因此，也就不依赖专家，任何人都可以做；系统所用的程序和方法不依赖人的判断而是依赖电脑的计算，那么就可以验证和重复；可以验证和重复的分类系统要优于依赖专家判断的不可验证的分类系统。

最后，将上述建立好的分类系统应用于吴语、徽语、江淮官话之间关系的研究中，从而从一个客观的角度为我们认识方言之间的关系提供依据。

---

① 王士元：《语言的变异及语言的关系》，刘娟、石锋译，《王士元语言学论文集》，商务印书馆 2002 年版，第 20 页。

第 2 章 汉语方言关系研究方法论

一种方法论就是一种理论，方法论就是找出材料蕴含的规律的理论。任何一种方法都想要用规则与模型有序地解释材料。语言学方法论就是语言学理论。研究汉语方言关系问题的方法有传统的特征判断法和计量法。本书通过对前人研究的梳理，提出了一种客观的方言关系计量研究方法，试图解决方言历史关系问题。

2.1 特征比较法

传统上，研究汉语方言之间的关系，我们采用定性的方法。首先，语言学家先设定一些或共时或历时的方言特征，如古入声的归派、古代全浊声母的清化、动词及其宾语的位置、词汇系统的使用情况等。然后用这些特征去检验各地的方言，依据这些特征在各地方言的反映情况，我们把方言划分了大区，在此基础上进一步考察方言之间的亲疏关系或亲缘关系，这就是传统意义上的"特征比较法"。毫无疑问，特征比较法重点在于考察方言之间"质"的异同，是研究汉语方言关系的根本方法。

2.1.1 特征判断法
特征判断法又称作"同言线法"。在方言地图上，同言线（也称"等

第 2 章　汉语方言关系研究方法论

语线")的两边，方言的特征不同。也可以在方言地图上使用同言线圈出一个地域，圈内的方言特征一样，比如方言岛上的方言。好几条同言线密集或重合在一起的话就是"同言线束"。传统上，划分方言的边界就是用同言线或同言线束来操作的。实际上，"同言线"或"同言线束"所反映出来的只是某方言的一个或若干个特征，而不是该方言的所有特征，因此我们将此方法称为"特征判断法"。它跟动物学研究上采用有无脊椎这个特征来判别某动物是否是脊椎动物相类似。

特征判断法的好处就是简便，尤其是在同言线束密集的地区或重要同言线单一化的地区非常有效，比如可以依据"塞音有三级分法"这一重要同言线将吴语和其相邻的其他方言区区分开来。但该方法存在的问题是，有些地区的同言线非常离散，不但无法密集成束，而且相距很远，主次还不容易决定。此时若主观地选取其中一条同言线来作为方言分区的界线，则难免会出现失之偏颇的现象。比如，在吴语区内部，若以"沙"字韵母（麻韵开口二等）读[a]这条同言线作为标准来划分杭州话和金华话，那么这俩方言同属一个次方言区；若以"看"字韵母（寒韵开口一等）读[ε]这条同言线作为标准的话，那么这两地方言又分属两区。很明显，"特征判断法"可行性不强。

"同言线"是仿照"等温线"制定的。我们可以用温度这一个指标来表示两个地方气温的不同，但影响两地方言差异的特征因素却要复杂得多。因此，研究方言分区问题，借用"等温线"这样的自然地理概念就不是很适合。

事实上，方言地图上的语言事实常常说明，同言线两侧的方言特征并非都是泾渭分明的。下面我们分四种情况来说明同言线两边的方言特征的相互关系，为了能够清楚地说明这些情况，我们以傅国通等（1985）[1]中的30幅方言地图所提供的材料为例来进行说明。

第一种情况，同言线两边的方言特征截然不同。假设同言线这一边的方言特征为 A，另一边的方言特征全部为 B，这种情况是极其不多见的，30幅方言图只有一例，就是"生豆腐"这个词语，浙北称"生豆腐"，浙南

---

[1]　傅国通等：《浙江吴语分区》，浙江省语言学会《语言学年刊》（第三期 方言专刊）1985 年第 9 期。

则称"豆腐生"。

第二种情况，假设同言线一边的特征是 A，另一边的特征则是 B，或者 A 和 B 两可。如"月"（山摄合口三等月韵疑母）浙西北读零声母，其余地区则读鼻音声母，或零声母和鼻音声母两可。比如云和音读[ŋyəʔ]，新昌音则读[ɦyəʔ/ŋyəʔ]。

第三种情况，假设同言线一边的特征是 A，另一边的特征是 B、C、D 等。如"房子"这个词，钱塘江以北（除三四个县以外）均叫"房子"，而在其他地区则叫"屋、房屋、处、屋宇"等。

第四种情况，同言线某一边的方言特征也出现在另一边，假设这一边的主要特征为 A，另一边的主要特征为 B。这一边的很多地方也出现特征 B，或反之，即另一边的很多地方也出现特征 A。如"周"（流摄开口三等尤韵章母）声母浙南读[tɕ]，浙北大致读[ts]，但是浙南读[tɕ]的特点也出现在浙北的湖州、昌化、德清和萧山等地。

我们可以用图 2-1 来表示上述同言线两边的方言特征的相互关系的四种情况。

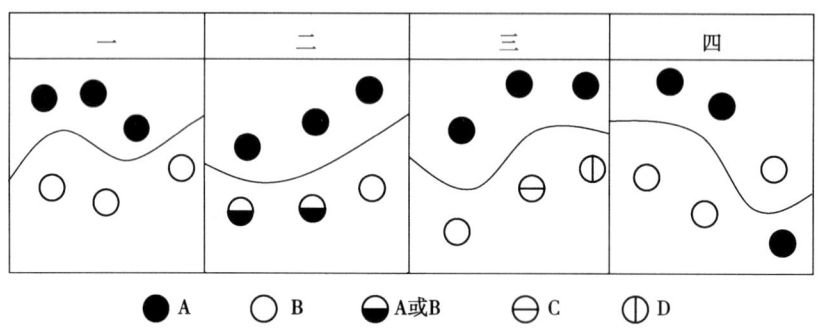

图 2-1 同言线两边的方言特征的互相关系的四种情况

图 2-1 中的方框表示某一个方言地区，方框中的曲线则是同言线，从图中可以看出，即使我们只选取单一的同言线（而不是同言线束）来作为方言分区的界线，也很难。

在使用特征判断法时，我们也可以使用"特例字"来作为方言划分的标准。特例字又称"特字"，是指不符合历史音变规律的字。如"铅"字

(山摄合口三等平声仙韵以母)读音在粤、闽、湘、客等方言中符合历史音变规律,在吴方言中不符合音变规律。

广州	长沙	福州	厦门	梅县	苏州	温州
(粤)	(湘)	(闽)	(闽)	(客)	(吴)	(吴)
yn¹	yẽ¹	yoŋ¹	ien¹	ian¹	khe¹	kha¹

2.1.2 古今比较判断法

古今比较判断法是尝试从方言历史来源的角度来划分方言区的方法。前人把汉语方言大致划分为七大方言区的分区结果使用的就是这个方法。该法判断的流程大致如下：首先，语言学家们假定汉语方言的总源头是《切韵》，然后再把各地的方音系统与《切韵》相比较，看看保留了哪些特点，失去了哪些特点，再把特点一样的地点归并到同一个大方言区里去。所谓汉语各大方言的特点就是与《切韵》相比较后所得到的结果，如吴方言保留了浊塞音和浊塞擦音，广东话保留了切韵音系的[-p、-t、-k]和[-m、-n、-ŋ]韵尾，北方话失去了入声（大多数地区），等等。也可采用此法在同一个大方言区里划分次方言区，如吴语区内部的温州次方言区，保留了中古真韵读[aŋ]，元音低化；豪韵和肴韵今音不同韵等特点，这些特点都是其他次方言区所没有的。

实际上，丁邦新在《汉语方言区分的条件》一文中所提出的方言分区原则上是把古今比较判断法贯彻地最彻底的方言实践。丁邦新认为："以汉语语音史为依据，使用早期历史性的条件区分大方言；使用晚期历史性的条件区分次方言；使用现在平面性的条件区分小方言。所谓早期、晚期不一定明确指明其时间，只是比较相对的名词。条件的轻重以相对的先后为顺序，最早期的条件最为重要，最晚期的条件也就是平面性的语音方面的差异了。"①

丁邦新使用六个早期历史性的条件将汉语方言划分为官话、吴语、赣语、湘语、粤语、客话和闽语七个大方言。这六个历史性条件如下：①古

---

① 丁邦新：《汉语方言区分的条件》，《丁邦新语言学论文集》，商务印书馆1998年版，第166—188页。

今浊声母[b、d、g]的演变;②古塞音韵尾[-p、-t、-k]的演变(以上为普通条件);③古知彻澄母字读[t];④古次浊上声"马、理、买、晚、领"等字读阴平(以上为独特条件);⑤古舌根音声母[k、kʰ、x]在前高元音前的演变;⑥古调类平上去入的演变(以上为补充条件)。

用第一条划分的话,无法区分开官话和粤语,赣语和客家话,加上第二条可很清楚地把七个方言分开。在闽语和湘语里,全浊声母有相似演变,加上第三条件,可把闽语分出。因为赣语和客话难区别,加上第四条,可把客话分出。第五个条件可把汉语方言分为两个大类,即官话、吴语、赣语和湘语变[tɕ、tɕʰ、ɕ];客话、粤语和闽语读[k、kʰ、x]。第六条跟声调相关,前五条跟声母和韵母相关。

丁邦新使用晚期历史性的条件区分大方言内部的次方言。他以官话为例,用四个条件将官话划分出了北方话、晋语、下江官话、西南官话、楚语五个次方言,这四个历史性条件如下:①古入声演变;②古泥来母的分混(以上为普遍条件);③鼻音韵尾弱化消失;④古鱼虞韵知章见系字韵母读[ʮ]。用第一条将官话划分出五个次方言,然后用第二条划分出晋语和下江官话,再用第三条、第四条划分出晋语(鼻尾消失或弱化)和楚语(有[ʮ]韵)。

依据语音结构中的有限项目跟《切韵》音系相比较来划分方言区,其结果通常不能完全符合方言事实,因为方言是不断向前发展的,方言之间又总是相互影响的。例如,若仅以浊塞音这一条标准,那么,地处湘西北的花垣、保靖、吉首、永顺、泸溪、古丈、沅凌、辰溪等县的这些方言应该归属老湘语,但在其他标准方面,这些方言与西南官话比较接近。古今比较判断法在判定边界方言的归属,以及方言内部再分区的时候,通常会碰到比较大的困难。

实质上,古今比较判断法所依据的原理跟特征判断法是相同的,只是没有画精确的同言线而已。

2.1.3 综合判断法

综合判断法不以同言线划分方言分区,该法首先罗列出方言成系统的语音、词汇、语法等方面的条目,然后依据这些条目去比较各地方言之间的异同，再根据异同条目的多少和它们出现频率的高低，对方言分区进行划分。

此法的好处是能够反映出方言的所有特征，缺点就是比较过程过于繁杂。比如，为了比较韵母的异同，首先得要列出《广韵》的 206 韵（暂不考虑其他），然后依据这 206 韵去比较各点方言的异同。假设某地区有一百个点参与比较，每个点跟其余点都要比较一次，那么共需进行 $C_{100}^2 \times 206 = 1017000$（次）比较。

2.1.4 对特征比较法的评价

（1）特征比较存在明确与模糊的矛盾

特征比较法是一种定性分析的方法，也是学者们普遍使用的一种方法，就是因为此法简单明了，便于操作。但同时我们也认识到，特征比较法无论是在理论层面上，还是在实践层面上，都已经碰到了困难。从理论上看，方言在语音、词汇、语法等方面都具有自己独特的系统。在各个结构层面上看，每个方言都有跟其他方言相同的特征，同时也有与其他方言相区别的特征。方言之间的差异就是由大量的个别的差异组成的。所以，某一个或几个特征显然不是方言差异的真实概括，自然就很难反映出方言之间的差别了。例如，吴语的定义是用保留古今浊声母塞音、塞擦音三分法来概括的。已有资料表明，古全浊声母在吴语地区的浙江庆元、江苏丹阳、福建浦城等方言点已全部清化，在浙江景宁、龙泉、泰顺、江山和江西玉山、上饶等方言点已部分清化。而赣语地区的江西武宁、湖口、德安等方言点，以及下江官话地区的江苏南通、金沙等方言点则保留了一套较为完整的古全浊声母。很显然，上述吴语定义的概括性是有问题的。实践上，特征判断具体应用时碰到的困难也非常多。若使用一条特征的同言线来划分方言，明显太过武断。同时，使用多条特征的同言线来划分方言时，却又发现，这些同言线互相交叉，错综复杂，使得方言区界限非常模糊和不稳定，难以下手。使用综合特征来划分方言又无法判定所有这些特征的轻重。

方言分区的标准以及方法具有非唯一性，也就是说，方言分区可以采用不同的标准和方法来划分。假定所根据的方言原始材料是完全一样的，但由于学者们采用的分区标准和方法不同，所得出的方言分区结果也有可能是不同的。

比如，《中国语言地图集》（1987）把汉语方言划分为官话、晋语、吴语、徽语、闽语、湘语、赣语、粤语、客话、平话等十个大区。丁邦新在《评中国语言地图集》（《国际中国语言学评论》1966年第1期）一文中则主张晋语不应独立，可归属官话，而平话独立的理由不够充足。官话内，东北官话不应该独立，楚语不应该归属江淮官话。美国汉学家罗杰瑞的《汉语概说》（Jerry Norman, Chinese, Cambridge University, 1988）却把汉语方言划分为北部方言（官话）、中部方言（吴语、赣语、湘语）、南部方言（闽语、粤语、客家话）三个大区，没有提徽语、晋语、平话。他是采用了十条标准（含语音和词汇条目）来划分方言，具体见表2-1（符号+表示该方言有此条目，符号-表示没有此条目，以下同。），其中第5项"平分阴阳"是指"只有平声分阴阳"。

表2-1 罗杰瑞方言分区特征表

	1 他	2 的	3 不	4 母鸡	5 平分阴阳	6 见母腭化	7 站	8 走	9 儿尾	10 房子
官话	+	+	+	+	+	+	+	+	+	+
湘语	+	−	+	−	−	+	+	+	−	+
赣语	−	−	+	−	−	+	+	+	−	−
吴语	−	−	+	+	−	+	−	+	+	+
客家	−	−	−	−	−	−	−	−	−	−
粤语	−	−	−	−	−	−	−	−	−	−
闽语	−	−	−	−	−	−	−	−	−	−

如果将这十个项目略作调整，将吴语分为北部吴语和南部吴语，结果就会大不一样，即汉语方言分为两大区：北方话（官话、湘语、赣语、北部吴语）和南方话（闽语、粤语、客话、南部吴语）。见表2-2。

第 2 章　汉语方言关系研究方法论

表 2-2　方言分区特征表之一

	1 他	2 的	3 不	4 母鸡	5 平分阴阳	6 见母腭化	7 站	8 走	9 儿尾	10 房子
官话	+	+	+	+	+	+	+	+	+	+
湘语	+	−	+	−	−	−	+	+	+	−
赣语	−	−	+	+	−	+	+	+	+	−
北吴	−	−	+	+	−	+	−	+	+	+
南吴	−	−	−	−	−	−	−	−	−	−
客家	−	−	−	−	−	−	−	−	−	−
粤语	−	−	−	−	−	−	−	−	−	−
闽语	−	−	−	−	−	−	−	−	−	−

如果将这十个项目另行设计，选取另外的语音和词汇项目，结果汉语方言虽然也可以分为"北方话"和"南方话"两大区，但是北方话只包括官话。见表 2-3。

表 2-3　方言分区特征表之二

	1 找	2 的	3 稻子	4 米汤	5 说	6 阴阳平	7 竖	8 这	9 圳	10 孩子
官话	+	+	+	+	+	+	+	+	−	+
湘语	−	−	−	−	−	−	−	−	+	−
赣语	−	−	−	−	−	−	−	−	+	−
北吴	−	−	−	−	−	−	−	−	+	−
南吴	−	−	−	−	−	−	−	−	+	−
客家	−	−	−	−	−	−	−	−	+	−
粤语	−	−	−	−	−	−	−	−	+	−
闽语	−	−	−	−	−	−	−	−	+	−

（2）定性分析，无法做量的分析

特征比较法需要大量词汇数据和扎实深厚的音韵学知识以及对比较区域的历史文化及其变迁的理解，该法会花费研究者大量时间。还有，运用特征比较法进行方言实践时，研究人员往往要经过长期的培训和积累，一般是具有多年经验的专家在判断上有较大的发言权。特征比较法在考察方言间的亲属关系和亲缘关系时，不能很明确地给出一个层次来。汉语方言的分区分类仅仅在方言的平面上，人为地划分大区、区、片、小片、点，各区之间并不是并列的等距离的关系，方法过于简单，体现不出方言的分层和整体之间的相互关系。汉语方言的传统分类已经认识到方言的内部存在层次，然而，无法揭示各方言片下的方言点之间的差别，各区各点之间的距离无法显示。现代汉语方言谁最早从原始共同语分化出来，谁跟谁关系最近，谁跟谁距离最远，传统方法能给我们一个模糊的认识，但却不能给我们一个明晰的树形图或者是一个二维（三维）的距离、关系平面（立体）图，无法做出方言间亲缘关系程度的量的分析，只重视方言差异的定性分类。

（3）人为性或主观性比较强

从特征比较法的实施过程，我们可以看出，该法几乎每个步骤都是纯手工比对的方法，以人为经验和判断为主，很费工夫；传统比较方法依赖于经验，因此难免存在细微的经验操作偏误。但更为致命的是，经验方法受限于人脑记忆和控制的限度。一般情况下，一个研究者需要同时操控数量是庞大的对比。譬如10个语言10个词的对比和关联，其中的操作要素是辅音（声母）、介音、主要元音（韵核）、韵尾、声调之类要素，则比较的要素和比较的次数多达（假定五个要素都存在）：$(1+2+\cdots+9+10) \times 5 \times 10 = 2750$（次）。当然，这是极度简化的模式，如果一个词有多个音节，声母、韵母、韵尾等多于一个单音素，则比较的次数更多、比较方法更为复杂。可现实是，一个语言的词汇语音数据以成千上万条计，显然这种基于经验的比较方法是不可能实现目标的，需要计算机自动语言比较方法。

2.2　计量法

计算机的广泛运用是20世纪科学革命的一项重要体现，语言学科也基本上摆脱了过去手工排卡片的历史，并采用了一些新的思路、新的角度或新的方法来处理语言资料，观察语言现象。利用计算机进行语言历史比较的尝试，对语言的同源关系和语音对应关系在过去仅做定性分析的基础上，开展定量的统计分析，以求得更科学的结论，进一步检验定性分析结论的可靠性。对此，郑锦全（1988）有过明确的解释："这些数量上的研究，在我看来，其最重要的贡献就是确定了一种方言研究方法，从而提供了一种方言关系计算和方言分区划分的方法和手段。"[①]

2.2.1 特征统计法

传统上，语言分类主要是通过建立语言特征和规则，例如声韵调、词汇、音变类型等不同特点来区划的，即定性的特征判断方法。例如陈章太、李如龙在《论闽方言的一致性》一文中使用了 300 条语言材料，从语音、词汇、语法各个方面对福建境内闽方言 18 个代表点进行了比较[②]；赵元任用保留古今浊声母塞音、塞擦音三分法的标准作为吴语的定义[③]；罗杰瑞用古浊塞音声母在现代是否分成对立两套的标准作为闽语的定义[④]；詹伯慧、张日昇在《珠江三角洲方言综述》一书"珠江三角洲 31 个方言点今音和中古语音的比较"部分，用列表的形式，将 31 个方言点的今音和古代语音——《广韵》的声、韵、调进行历史比较，其中声母表 40 个、韵母表 204 个、声调表 8 个，共计 252 个表，从这 252 个表可清楚地看到中古语音到珠江三角洲各方言的今音是如何分化的[⑤]，等等。运用手工的方法得出结果是相当费工夫的。如果用程序来自动实现同样的比较工作，得到同样的比较结果要容易得多，并且还可以免去人为手工操作的繁琐工作。

特征统计法就是利用计算机对语言的各种基本特征如复辅音、松紧元音、

[①] 郑锦全：《汉语方言亲疏关系的计量研究》，《中国语文》1988 年第 2 期。
[②] 陈章太、李如龙：《论闽方言的一致性》，《中国语言学报》1983 年第 1 期。
[③] 蔡勇飞：《吴语的边界和南北分区》，《方言》1984 年第 1 期。
[④] [美]罗杰瑞：《汉语概论》，张惠美译，语文出版社 1995 年版，第 201—202 页。
[⑤] 詹伯慧、张日昇：《珠江三角洲方言综述》，广东人民出版社 1990 年版，第 109—318 页。

长短元音、辅音韵尾、声调等进行数量统计,并计算其在语言中的频率分布,属于语言描写研究的量化问题。在汉语方言关系计量研究方面,郑锦全、陆致极分别以《汉语方言词汇》(北京大学,1964)、《汉语方音字汇》(北京大学,1962)里的语料作为基础[①],使用计量描写的方法,通过对各个方言词汇的对比排列情况以及古音在现代各方音里分化状况的排列情况的统计,分别计算出了各方言在词汇、声母、韵母、声母和韵母、声调、声韵调等方面的相关系数,并以相关系数绘制出方言"层级树"树形图,该图显示出方言之间的亲疏关系,在此基础上确定了方言的分区;陆致极(1986)第一次把闽语内部各个次方言区的差异程度给量化出来了,他是利用李如龙、陈章太(1985)中的语言材料,依据其中的170个单字音计算出了18个方言点间在语音方面的相关系数,依据其中的213条词语计算出了18个方言点间在词汇方面的相关系数,然后分别对相关系数做聚类分析,依次绘制出了"闽语内部差异(语音)树形图"和"闽语内部差异(词汇)树形图"[②]。汉语方言关系计量研究先后涌现出了多篇和多部非常有影响和学术价值的论文和专著,如游汝杰的《苏南和上海吴语的内部差异》(1984)、郑锦全的《汉语方言亲疏关系的计量研究》(1988)、马希文的《比较方言学中的计量方法》(1989)、陆致极的《计算语言学导论》(1990)和《汉语方言数量研究探索》(1992)、王士元和沈钟伟的《方言关系的计量研究》(1992)、王士元的《词源统计分析法、词汇统计学和其他数理统计方法》(1993),等等。以上论文和专著对计量研究在汉语方言关系研究中的地位、作用、意义,无论是从理论方面还是从实践方面都做了探索与讨论。郑锦全、王士元、陆致极等用计量方法对汉语方言的分类研究,研究结果很大程度上可以印证传统定性分类的合理性,同时也包含了许多新的分类信息。

2.2.1.1 方法阐述

王士元先生把特征统计法的基本方法和步骤概括为:特征选择;特征

---

① 北京大学中国语言文学系语言学者研究编:《汉语方言词汇》,文字改革出版社1964年版;北京大学中国语言文学系语言学者研究编:《汉语方音字汇》,文字改革出版社1962年版。

② 陆致极:《闽方言内部差异程度及分区的计算机聚类分析》,《语言研究》1986年第1期。

量化；计算相关系数；聚类分析。

（1）特征选择

特征选择是指用词汇或语音的特征代表语言方言计量分类所选的分类特征。实际研究如郑锦全（1988）905个普通话词条在18个主要方言中的词汇形式、中古音系的声韵调在诸汉语方言点的变体[①]；王士元、沈钟伟（1992）33个汉语吴方言的44个亲属称谓词词汇形式的分布[②]；陆致极（1987）中古音40声母、16韵摄诸韵母在17个汉语方言点的语音变体[③]。

（2）特征量化

如果分类特征是某一音类不同音值在方言中的分布，特征量化就直接统计某一音类不同音值的字/词分布次数。如陆致极（1987）中古音声母和韵母在诸方言点的音值的次数统计。

表2-4　帮母次数统计

帮母	北京	苏州	长沙	南昌	广州	厦门
p	88	89	85	86	87	86
ph	3	0	6	6	5	6
b	0	1	1	0	0	0
m	1	0	0	0	0	0

表2-5　东韵合口一等次数统计

东韵合口一等	北京	苏州	长沙	南昌	广州	厦门
uŋ	42	0	0	48	48	0
oŋ	0	48	48	0	0	0
ɔŋ	0	0	0	0	0	0
aŋ	1	0	0	0	0	10
……	……	……	……	……	……	……

如果分类特征是词汇语素形式或词汇语音对应状态，特征量化的方法是将原属定性范畴的词汇或语音单位做0/1的代码化处理，即具有某词汇特

[①] 郑锦全：《汉语方言亲疏关系的计量研究》，《中国语文》1988年第2期。
[②] 王士元、沈钟伟：《方言关系的计量表述》，《中国语文》1992年第2期。
[③] 陆致极：《汉语方言间亲疏关系的计量描写》，《中国社会科学》1987年第1期。

征或语音特征的词条的数据编码为1,不具有该特征的词条数据编码为0(郑锦全,1988)①。例如按词目"太阳"不同词汇形式在各方言中分布代码化为:

表2-6 词目"太阳"词汇形式代码化

词目	北京	苏州	长沙	南昌	广州	厦门	……
太阳	1	1	1	0	0	0	……
日头	0	1	1	1	0	1	……
爷	0	0	0	0	0	0	……
热头	0	0	0	0	1	0	……
……	……	……	……	……	……	……	……

王士元、沈钟伟(1992)认为,按词汇形式编码统计会降低方言相似的程度,因此,应按词汇的语素形式的代码统计。如词目"爷爷"在四个吴语点的词汇表现如按词汇形式统计,各点之间均无相似性。

表2-7 词目"爷爷"词汇形式代码化

词汇	苏州	宜兴	宁波	上海
阿爹	1	0	0	0
爷爷	0	1	0	0
阿爷	0	0	1	0
老爹	0	0	0	1

而按语素统计点之间就存在语素相似的联系:

表2-8 词目"爷爷"语素形式代码化

语素	苏州	宜兴	宁波	上海
阿	1	0	1	0
爹	1	0	0	1
爷	0	1	1	0
老	0	0	0	1
重叠	0	1	0	0

① 郑锦全:《汉语方言亲疏关系的计量研究》,《中国语文》1988年第2期。

(3) 相关分析

统计数据的相关系数是反映变量之间相关程度的指标，相关系数不仅包含特征出现的次数，还包含特征在项目（如词项或音类）分布中的相关关系，因此，比单纯统计特征出现次数或频率所含的信息量大。相关系数依计算方法不同取值在 0~1 或-1~+1 之间，绝对值越大，变量（语言）之间的相关程度越高，绝对值越小变量相关程度越低。郑锦全惯于采用皮尔逊公式计算方言的相关系数；陆致极使用加权平均值系联法（uPGMA）计算相关系数；王士元、沈钟伟提出了 Jaccard 相关系数计算法；等等。

如《汉语方音字汇》所收 2700 多字的中古 40 个声母、136 个韵母在 17 个汉语方言点不同音值的分布次数相关系数统计（陆致极，1987）。

表 2-9 不同音值分布统计相关系数

	北京	苏州	长沙	南昌	梅县	广州
苏州	0.5493					
长沙	0.6823	0.5047				
南昌	0.6916	0.5967	0.5675			
梅县	0.5688	0.5736	0.5568	0.8039		
广州	0.4380	0.4038	0.4173	0.5137	0.6221	
厦门	0.5429	0.5779	0.5353	0.6610	0.7391	0.5495

如果把这些点看作汉语几大方言的代表点，这个以中古音类现代方言音值的分布为分类特征的相关系数反映了各点的接近程度，例如和长沙话相关系数最高的是北京话，说明新湘语在语音上有较多的官话特点；南昌话和梅县话相关系数最高，和传统上认为客赣方言关系密切的印象一致。

分类特征为《汉语方言词汇》所收 905 个普通话词条的不同词汇变体在 18 个方言点中的分布的统计，部分点的相关系数为：（郑锦全，1988）

表 2-10 不同词汇变体统计相关系数

	北京	苏州	长沙	南昌	梅县	广州
苏州	0.2891					
长沙	0.4613	0.3452				

续表

	北京	苏州	长沙	南昌	梅县	广州
南昌	0.4428	0.3755	0.5551			
梅县	0.2149	0.1821	0.2260	0.2722		
广州	0.2401	0.1841	0.2275	0.2457	0.3022	
厦门	0.1987	0.0798	0.1195	0.1331	0.1658	0.1707

语音特征和词汇特征的统计结果不仅绝对值差别很大，各点之间的相对值也有所不同。例如和长沙话词汇最接近的是南昌话而不是北京话，说明方言间的词汇系统的相关性和语音系统的相关性不完全一致。郑锦全认为不同特征的相关分析结果有比较的意义，例如从词汇—语音相关系数的比较可以看出"词汇使方言的差距增大，而声调则收敛作用最大，使方言间差距缩小"。

王士元、沈钟伟（1992）统计的44个亲属称谓词目的语素特征分布在33个吴语方言点之间的相关系数部分数据如表2-11，数据表明就亲属称谓所用语素而言，上海、苏州、宁波等地的话比较接近，温州话和其他地方话比较远。

表2-11 语素特征统计相关系数

语素	宜兴	苏州	上海	杭州	宁波	……
苏州	0.532					……
上海	0.551	0.632				……
杭州	0.524	0.510	0.641			……
宁波	0.510	0.560	0.700	0.585		……
温州	0.356	0.345	0.396	0.414	0.452	……
……	……	……	……	……	……	……

（4）聚类分析

聚类分析是随着计算机的发展而迅速发展起来的一门边缘学科。语言之间的相关系数包含语言分类方面丰富的信息，但是，用来直接分类仍然是不方便的，因此，需要将其转换为聚类分析的表示方式，以便从数据归

第 2 章　汉语方言关系研究方法论

纳中整理出分区的结果。"方言间的远近就是相关系数矩阵所表现的关系，所有信息都包括在内，采用聚类方法来作进一步分析的目的是在于降低信息的向量，以迎合人类有限的三维空间的观察能力。"（王士元、沈钟伟，1992）分类应包括分类对象的类别、层次、距离等必要的内容。聚类分析就是这样一种很实用的统计方法，它依据变量数据（如百分比、相关系数等）的相似性把统计对象按照相近程度依次排列，在此基础上，按照给定的或不加规定的相近程度等级对统计对象进行不同层次的分类。也就是说，聚类分析是以相似性数据为基础，采用一定的数学规则，通过计算将互相接近的小簇合并成较大的簇，并最终归并成为一个大簇。起初，聚类分析技术一般用于生物学领域上的分类，后来，逐步应用于各个领域，通过长时间的研究与实践，已形成了比较成熟的分析方法以及能对大量数据进行统计处理的计算机程序。一般来说，我们研究中经常使用的聚类分析法主要有平均连接法、主成分法、重心法、最长距离法（也称远邻连接法）、最短距离法（也称近邻连接法），等等。

语言亲疏关系程度的聚类分析，可以根据不同的亲疏水平对分析对象从每一个个体自成一类到所有个体只分成两大簇之间，进行任何一个层次上的分类，所以，能够完成亲属语言语族、语支、语言、方言、次方言和土语等不同层次和目的的系属分类。聚类分析方法论上的这些优点是依据语言亲疏关系的数量特征实现的，相比之下，传统的定性特征判断法难以获得同样精确、合理的结论。限于聚类分析树形图要占较大的版面，这里仅以计量聚类分析结果比较，说明计量方法的分类利用了更丰富的分类信息而可能补充或调整传统分类的某些结论。

a. 方言分类的层次性

例如陆致极（1987）依据《汉语方音字汇》中古声母韵母在诸汉语方言点不同音值的分布相关系数所做的聚类，首先将粤语广州话和其他16个点分开，原因可能是广州话韵母的音值区分最细致且韵母所占权重极大而和其他点距离较远。其次是将湘语的双峰话分出，再次是将吴语的苏州话和温州话分出，这三个点的共同之处是声母保留清浊对立。第四层将官话（包括长沙话）与客赣语、闽语对应，分为两部分。而客赣语和闽语的区分以及闽语内部的区分是在第五层和第六层。

b. 方言之间不同结构层面的距离

选择不同的分类特征，比如以方言的语音分布还是词汇的分布，抑或以语音的声母、韵母还是声调的分布为分类特征，计量分类结果可能是不同的，甚至可能是相距甚远的。以郑锦全的汉语方言分类研究（1988）为例，按词汇特征划分，第一层分出闽语，第二层分出粤—客家话，第三、四层分出吴语……按语音声韵调综合划分，第一层分出晋语太原话，第二层分出官话—客家话和吴—湘—赣—粤—闽语，第三层分出吴—湘—赣语和粤—闽（潮州话）—吴语（温州话）……若分别统计声韵调的分布，也颇为参差，如汉语方言之间声母最疏远的是粤语，韵母最疏远的是吴语温州话，声调最疏远的是晋语太原话。分类结果的分歧如此之大，部分原因可能是对诸项分类特征未予以作用大小的加权，但是也反映了不同结构层面特征之于汉语方言分类的确是有明显不同的影响。

c. 不同方言区内部方言分类的分歧程度

汉语方言传统上是按大区、区、片、小片、点的层次框架对方言进行分类，至于同区不同层次之间或不同区相同层次方言关系的分歧程度是无法描述的。计量分类方法可以兼顾传统分类的层次性，同时也能进一步表示层次内部和层次之间方言的相对距离，甚至能表示诸区方言和原始语之间的绝对距离（树形图树枝和树根的距离）。

d. 确定有分歧意见的方言的类属

传统分类由于选择分类特征或依据分类标准不同，对某些方言的归属往往会存在分歧。计量分析将类别特征转变为数量特征，因此是通过分类特征数量差异所起的不同权重的作用对方言进行分类，而不是将不同特征从性质和作用上对立起来。

比如，有些汉语方言研究认为，长沙话和官话接近而与湘语相异，客家与赣语接近，不同地区的闽语应该分化或应该合并，这些分歧意见在上述有限的方言计量研究中都有所论及。汉语徽话、晋话和平话是否是和其他方言平行的方言也存在不同看法，如果分类特征选择得当，计量方法应该可以给予比较实证的解释。

2.2.1.2 方法举例

郑锦全在《汉语方言亲疏关系的计量研究》(1988) 一文中，分别从词汇和语音两个方面测量方言亲疏关系。此处仅对词汇方面做以下举例说明。

郑锦全利用《汉语方言词汇》(北京大学，1964。以下简称《词汇》) 测量方言亲疏关系见表 2-12。《词汇》包含普通话 905 个词条及其在 18 个方言点的变体。利用计算机存储时，这些变体的排列方式是：在 18 个方言中，凡出现的用"1"标志，不出现的用"0"标志。下表列举了北京（用 a 表示）、济南（b）、沈阳（c）、西安（d）、成都（e）、昆明（f）、合肥（g）、扬州（h）、苏州（i）、温州（j）、长沙（k）、南昌（l）、梅县（m）、广州（n）、阳江（o）、厦门（p）、潮州（q）、福州（r）共 18 个方言的情形。编码 001A 和 001B 分别表示词项在《词汇》中出现的是第一页的左栏和第一页的右栏。A 和 B 后面的两位数是变体词项的序列号。

表 2-12 《词汇》部分变体词项代码化分布

		a	b	c	d	e	f	g	h	i	j	k	l	m	n	o	p	q	r
太阳	001A01	1	1	0	0	1	1	1	1	1	1	0	0	0	0	0	0	0	0
日头	001A02	0	0	1	1	0	0	0	0	1	0	1	1	0	0	0	1	1	1
爷	001A03	0	0	0	1	0	0	0	0	0	0	0	0	0	0	0	0	0	0
热头	001A04	0	0	0	0	0	0	1	0	0	0	0	0	1	1	1	0	0	0
太阳佛	001A05	0	0	0	0	0	0	0	0	0	0	0	0	0	0	0	0	0	0
日	001A06	0	0	0	0	0	0	0	0	0	0	0	0	0	0	1	0	0	0
日头公	001A07	0	0	0	0	0	0	0	0	0	0	0	0	0	0	0	0	0	0
月亮	001B01	1	1	1	1	1	1	1	1	1	1	1	1	0	1	0	0	0	0
亮月子	001B02	0	0	0	0	0	0	0	1	0	0	0	0	0	0	0	0	0	0
月光	001B03	0	0	0	0	0	0	0	0	0	0	1	0	1	1	0	0	0	0
月	001B04	0	0	0	0	0	0	0	0	0	0	0	0	0	0	0	1	1	1
月娘	001B05	0	0	0	0	0	0	0	0	0	1	0	0	0	0	0	1	1	0

905 个词条共有 6454 个变体。考查上表中"1"和"0"出现的情形，我们可以看出方言间相互联系的一些模式。我们可以利用上表中方言的数据建

立一张"0"和"1"现次的分表。分表概括了两对方言中"0"和"1"出现的频率。每一对方言的相关度用皮尔逊相关系数公式计算出来。相关系数值的范围在+1到-1之间，它们表示两个变项间相关的方向和强度两种信息。正负号表示两个变项是正相关还是负相关。利用皮尔逊相关系数公式计算的18个方言组成的全部方言对的相关系数见表2-13，这些系数被看作方言亲疏程度的指标。

为了用图表现出表2-13这些相互关系，我们用非加权平均值系联法对这些系数作聚集分析。聚集分析先找出一对差距最小（即相关系权最高）的方言定为一集。例如，表2-13表明北京—沈阳的相关系数最高（0.6983），就先把北京和沈阳联系起来作为一集。然后找出相关度其次高的一对方言北京—济南（0.6715）。把济南—北京（0.6715）和济南—沈阳（0.6421）的系数相加后得出平均值0.6568（1.3136/2）。一般来说，非加权平均值系联法是计算出两个集内所有个体对之间的平均差距，作为两个聚集间的距离。聚集分析的结果见图2-2。图2-2是一张方言树形图，表示的是按词汇计算出来的方言区划和亲疏程度。

表2-13中的相关系数表明每一对方言之间的亲疏程度。相关系数提供了一种方法，用数量表达亲疏程度，确定语言亲疏关系的性质。而方言树形图则表明这种数量知识跟早先确定的汉语方言区划基本一致，这种一致程度反过来可以证明上述测量法的有效性。

2.2.2 词源统计法

最初，词源统计法由美国语言学家斯瓦迪士提出，由于受到化学上发明的碳—14年代测定法的启发，所以，他认为，存在于各种语言中的普遍现象一定可以用一组基本的词汇来进行描述。这种基本词汇包含表示自然物体范畴的词汇（如月亮、山脉等），表示身体范畴的词汇（如头、手等），表示共同活动范畴的词汇（如睡觉、来等），以及表示一些其他范畴的词汇。事实上，要确定这样一组基本词汇是非常困难的，在研究过程中，斯瓦迪士先是提出了200词表，后经过修订又减为100词。自20世纪50年代初词源统计法提出以来，该法被用来测定一对语言发生分化的时期，但

第 2 章　汉语方言关系研究方法论

表 2-13　相关系数——词汇

	北京	济南	沈阳	西安	成都	昆明	合肥	扬州	苏州	温州	长沙	南昌	梅县	广州	阳江	厦门	潮州	福州
北京	1.000																	
济南	0.6715	1.000																
沈阳	0.6983	0.6421	1.000															
西安	0.6108	0.6076	0.5881	1.000														
成都	0.4478	0.4533	0.4254	0.4814	1.000													
昆明	0.4902	0.5333	0.4818	0.5455	0.5530	1.000												
合肥	0.4784	0.5008	0.4746	0.4993	0.4802	0.5431	1.000											
扬州	0.5110	0.5287	0.4936	0.5396	0.5056	0.5731	0.6014	1.000										
苏州	0.2891	0.3099	0.2866	0.3169	0.2951	0.3547	0.3432	0.4129	1.000									
温州	0.2179	0.2311	0.2104	0.2211	0.2115	0.2492	0.2342	0.2621	0.3128	1.000								
长沙	0.4613	0.4872	0.4487	0.4836	0.4854	0.5383	0.4836	0.5052	0.3452	0.2610	1.000							
南昌	0.4428	0.4546	0.4179	0.4475	0.4233	0.4767	0.4732	0.5201	0.3755	0.2817	0.5551	1.000						
梅县	0.2149	0.2123	0.1930	0.2013	0.1658	0.1931	0.1772	0.1912	0.1821	0.1896	0.2260	0.2722	1.000					
广州	0.2401	0.2215	0.2037	0.2090	0.1719	0.2204	0.1993	0.2176	0.1841	0.1949	0.2275	0.2457	0.3022	1.000				
阳江	0.2252	0.1984	0.1872	0.1807	0.1480	0.1955	0.1832	0.1942	0.1587	0.1693	0.2008	0.2290	0.2784	0.4776	1.000			
厦门	0.1987	0.1641	0.1428	0.1332	0.0891	0.1248	0.1069	0.1247	0.0798	0.1022	0.1195	0.1331	0.1658	0.1707	0.1860	1.000		
潮州	0.2136	0.1737	0.1608	0.1396	0.0984	0.1290	0.1190	0.1300	0.0972	0.1012	0.1353	0.1498	0.1856	0.2118	0.2158	0.3380	1.000	
福州	0.2693	0.2184	0.1920	0.2014	0.1399	0.1613	0.1489	0.1752	0.1230	0.1414	0.1603	0.1844	0.1412	0.1647	0.1568	0.2800	0.2459	1.000

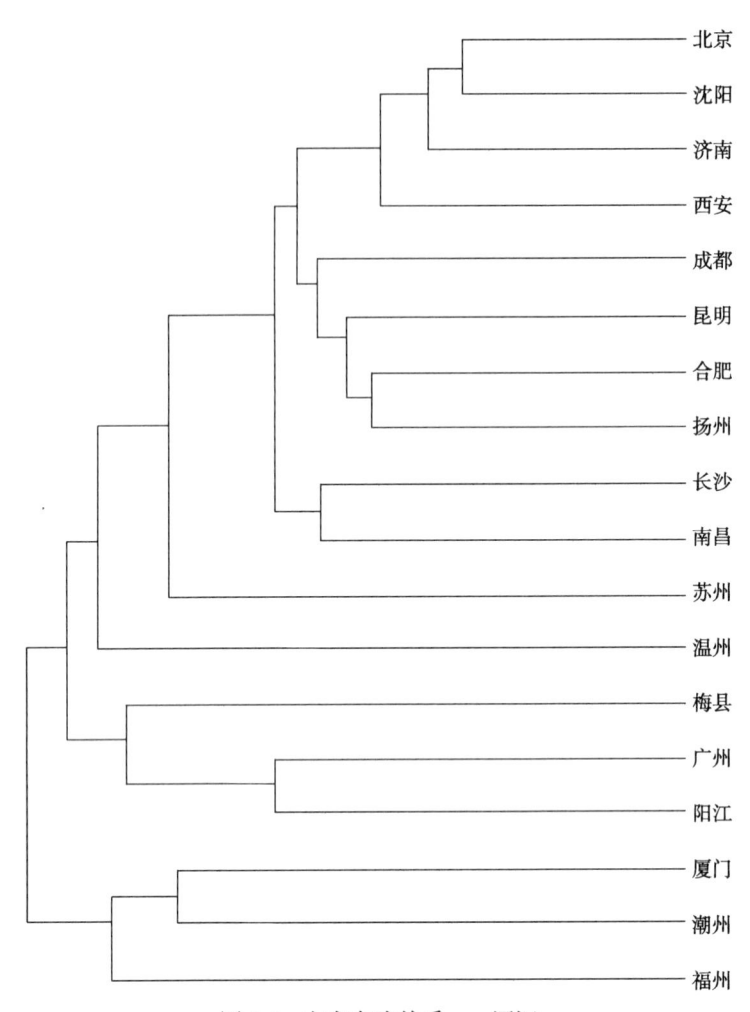

图 2-2　方言亲疏关系——词汇

由于自身固有的一些缺陷,并没有得到广泛应用。进入 21 世纪之后,词源统计法又重新受到了语言学家的重视,原因是生物学上种系发生树理论的不断完善以及计算机技术的不断发展。

词源统计法是一种计算统计方法,用以分析语言之间的亲缘关系,它是借用了生物学上关于物种进化关系的分析方法。该法的理论基础是具有亲属关系的语言在演化的过程当中,其基本词汇的演变转化程度不一样。词源统计分析不但能够显示出各种语言之间的亲疏关系,而且更能够显示出语言间的亲缘距离。开展过此类研究的有邓晓华、王士元(2003a,2003b,

2007）对于苗瑶语族、藏缅语族和壮侗语族，徐通锵（1991）对汉语七大方言，王育德（1962）对汉语五大方言，林天送等（2010）对闽方言所做的语言或方言的计量分类研究。邓晓华的博士论文《汉藏语系的语言关系及其分类》[①]（2006）依据计算语言学的原则，采用计算机技术和分子人类学、词源统计法等方法，科学地测定出了汉藏语系的语言和方言的发生学关系，对语言和方言做出了分类，并根据树形图树枝的长短来表示语言和方言的距离关系，从而显示出了汉藏语系的语言和方言的类簇以及分级层次。

词源统计分析是以同源词的统计为基础的。核心同源词的选择是词源统计法的依据和前提。核心同源词的优选，也就是设计一个通用的基本词汇表，这是词源统计法最重要的步骤之一，该问题长期以来争论不断，比如 Teeter（1963）就认为"理想的词汇表根本不存在"[②]。虽然都是同源词，但在统计中的地位是不一样的，不同的同源词的"权重"是不同的。同源词在历史文化层次上也存在着差异，有些同源词比较容易被借用，而有些同源词被借用的概率要低一些。选取 800 个同源词去做语言比较，跟选取 100 个同源词去比较，结果是不一样的。因此，进行语言亲缘关系的分类比较，选取多少数量同源词的问题非常重要。与此同时，还得方便计算统计。如果所选取的词目数量太少，那么计算结果的误差必然很大。通常来说，斯瓦迪士的 100 词表具有很强的操作性，是最合适的；他的后 100 个词，虽然被借用的概率比较大，但还是比较有参考价值的，可以作为选词的借鉴。[③]

2.2.2.1　方法阐述

词源统计法的操作步骤，邓晓华、王士元对此做过阐述[④]，具体如下：

[①] 邓晓华：《汉藏语系的语言关系及其分类》，博士学位论文，华中科技大学，2006 年。

[②] Teeter, K.V., Lexicostatistics and genetic relationship, *Language*, 1963（39）.

[③] 邓晓华、王士元：《苗瑶语族语言亲缘关系的计量研究——词源统计分析方法》，《中国语文》2003 年第 3 期。

[④] 邓晓华、王士元：《苗瑶语族语言亲缘关系的计量研究——词源统计分析方法》，《中国语文》2003 年第 3 期。

①编制每对语言同源词统计表；

②以同源词统计表为基础计算出每对语言的同源百分比。首先要统计出每对语言的同源词数量，然后除以词表总数，这样就会得出每对语言的同源率，这个同源率就是相似矩阵；

③相似矩阵和距离矩阵的转换。采用公式：d=-log s（d 表示距离，s 是相似矩阵里的数值），通过计算，把相似矩阵转换成距离矩阵；

④依据距离矩阵绘制出语言关系树状图。利用 PHYLIP 软件包里的邻接法和 Fitch 法对语言进行聚类，生成无根树，然后再利用分子进化遗传分析（MEGA, Molecular Evolutionary Genetics Analysis）软件里的中点生根法把树绘制出来。

2.2.2.2 结果举例

徐通锵（1991）、林天送等（2010）利用词源统计法对汉语方言做了计量分类。徐通锵直接用斯瓦迪士的 100 核心词，林天送剔除 9 个复合词和 2 个语底层词，优选词目后用了斯瓦迪士的 89 个核心词，统计核心词在方言之间的对应次数，再把核心词的对应次数（百分比）转变为距离矩阵及树形图，这种树形图包含方言集团的呈阶级式的聚合分类和方言之间距离两方面的信息。

（1）汉语七大方言

百词表中的词在汉语七大方言中的同源百分比见表 2-14：

表 2-14　汉语七大方言同源词百分比

	梅县	广州	南昌	长沙	苏州	北京
厦门	68	63	64	61	59	56
梅县		79	77	72	73	69
广州			78	76	77	74
南昌				88	84	76
长沙					86	79
苏州						73

厦门话与苏州话的共同保留率为 59%，大致相当于英语和德语的保留

率（58.56%），而北京话和厦门话之间的基本词根语素的保留率是 56%，说明相互间的距离大于英语和德语之间的差别。

不同方言之间所保留下来的同源百分比的多少可以用来说明方言之间的接近程度。根据上述的统计，在汉语的方言中，长沙话与南昌话最接近（88%），长沙和苏州（86%）、南昌和苏州（84%）次之。它们之间相互接近性的程度大致相当于厦门话与福州话的同源百分比（85%）。长沙、南昌这两个方言与其邻近方言的同源百分比也都比较高，说明以长沙话为代表的湘语和以南昌话为代表的赣语与其周围方言之间的接近程度都比较高，在研究汉语方言之间的相互关系时，湘语和赣语可能占有重要的地位。这种方法用于亲属语言的研究，可以测定亲属语言的接近性的程度，为语言分化的先后顺序提供一些参数依据。

王士元（1993）基于表 2-14 数据为七种汉语方言构建了距离矩阵，并用邻接法对其进行了分析，生成的树形图如图 2-3 所示。

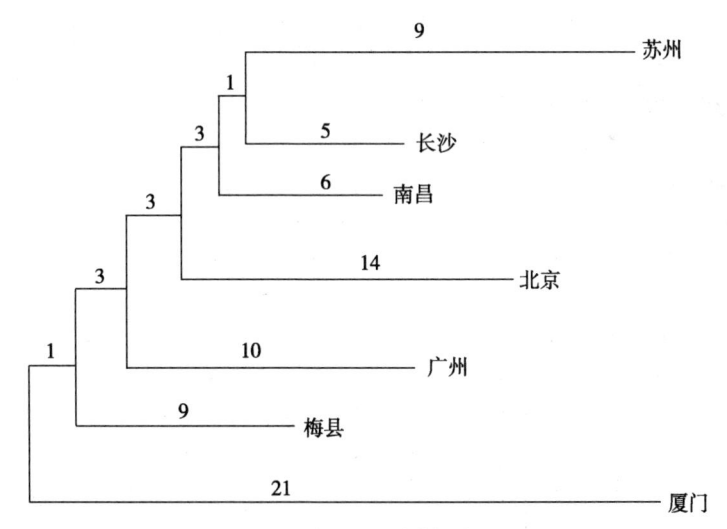

图 2-3 七种汉语方言树形图

图 2-3 中的分类表明了一些有趣的特征。厦门方言和其他六种方言的亲缘关系最远这一事实，汉语言学学者并不觉得意外：厦门方言保留了许多在其他方言中全被替换了的古代汉语特征。

令人惊奇的是苏州和长沙方言联系紧密这一事实。尽管汉语言学家承认这两座城市所在地区的语言，在古代语言学上是同源的，但是在过去 1000 多年中，该地区曾多次被迁移人群的路线分成两半。这两座城市联系紧密这一事实，可能是由于使用比其他词更稳健的基本词汇造成的。我们用更多的词汇对这七种方言作过相似的分析，却并未显示这两座城市之间类似的相似程度。详细分析见徐通锵（1991），此处不再叙述。

（2）闽方言

闽语的同源词数和相似矩阵见表 2-15，表中对角线下为每对方言同源词的数目，对角线上为同源百分比（单位：%）。

表 2-15 闽语的同源词数和相似矩阵

	泉州	厦门	龙岩	揭阳	海康	海口	尤溪	大田	莆田	福州	福鼎	永安	沙县	建瓯	建阳
泉州		97.8	82	88.8	86.5	84.3	84.3	88.8	91	84.3	84.3	74.2	74.2	68.5	70.8
厦门	87		84.3	88.8	87.6	85.4	84.3	91	92.1	85.4	85.4	74.2	74.2	68.5	70.8
龙岩	73	75		78.7	77.5	79.8	80.9	85.4	80.9	80.9	83.1	73	77.5	68.5	70.8
揭阳	79	79	70		89.9	85.4	82	85.4	89.9	83.1	83.1	75.3	75.3	69.7	71.9
海康	77	78	69	80		87.6	79.8	83.1	89.9	80.9	80.9	73	73	65.2	67.4
海口	75	76	71	76	78		77.5	82	86.5	80.9	80.9	71.9	71.9	68.5	70.8
尤溪	75	75	72	73	71	69		86.5	87.6	87.6	88.8	73	75.3	75.3	77.5
大田	79	81	76	76	74	73	77		87.6	85.4	85.4	77.5	79.8	70.8	73
莆田	81	82	72	80	80	77	78	78		87.6	87.6	75.3	75.3	70.8	73
福州	75	76	72	74	72	72	78	76	78		94.4	69.7	69.7	70.8	73
福鼎	75	76	74	74	72	72	79	76	78	84		71.9	71.9	70.8	73

续表

	泉州	厦门	龙岩	揭阳	海康	海口	尤溪	大田	莆田	福州	福鼎	永安	沙县	建瓯	建阳
永安	66	66	65	67	65	64	65	69	67	62	64		95.5	77.5	79.8
沙县	66	66	69	67	65	64	67	71	67	62	64	85		79.8	82
建瓯	61	61	61	62	58	61	67	67	63	63	63	69	71		93.3
建阳	63	63	63	64	60	63	69	65	65	65	65	71	73	83	

基于表 2-15 数据利用 Fitch 法（与邻接法构建的树形图一致）得到的闽语 16 点树形图如图 2-4 所示。

图 2-4 中可以发现，闽语 16 个方言点被划分成了 2 个聚类，即簇 1 和簇 2。其中，建阳、建瓯、永安和沙县在簇 1 里，剩余 12 个点在簇 2 里。这个聚类结果跟前人研究把闽语划分为沿海和沿山两片的结果是一致的。

继续观察图 2-4 的簇 1，其又分为两个分支，一是建阳、建瓯，一是沙县、永安。传统研究把永安和沙县划归闽中方言，把建阳和建瓯划归闽北方言。由此可见，计量研究结果符合传统分类结果。

簇 2 又分为两个分支，一是龙岩，一是簇 A 和簇 B。其中，海口、海康、揭阳、莆田、漳州、厦门、泉州和大田在簇 A 里，福鼎、福州和尤溪在簇 B 里。另外，海口和海康归类在一起，泉州和厦门、漳州归类在一起，福鼎和福州归类在一起。以上结果与传统分类结果相符合。

图 2-4 的树形图显示了闽语各方言点之间的关系如下：

1）根据传统分类，闽语划分为沿海和沿山两片，其中，闽中方言（沙县、永安）和闽北方言（建瓯、建阳）属于沿山片，其他各方言点属于沿海片。

2）闽语沿海片中，龙岩话跟其他各方言点距离比较远，可能是受到客家话影响而走上了不同的方言发展道路，可看作过渡方言。

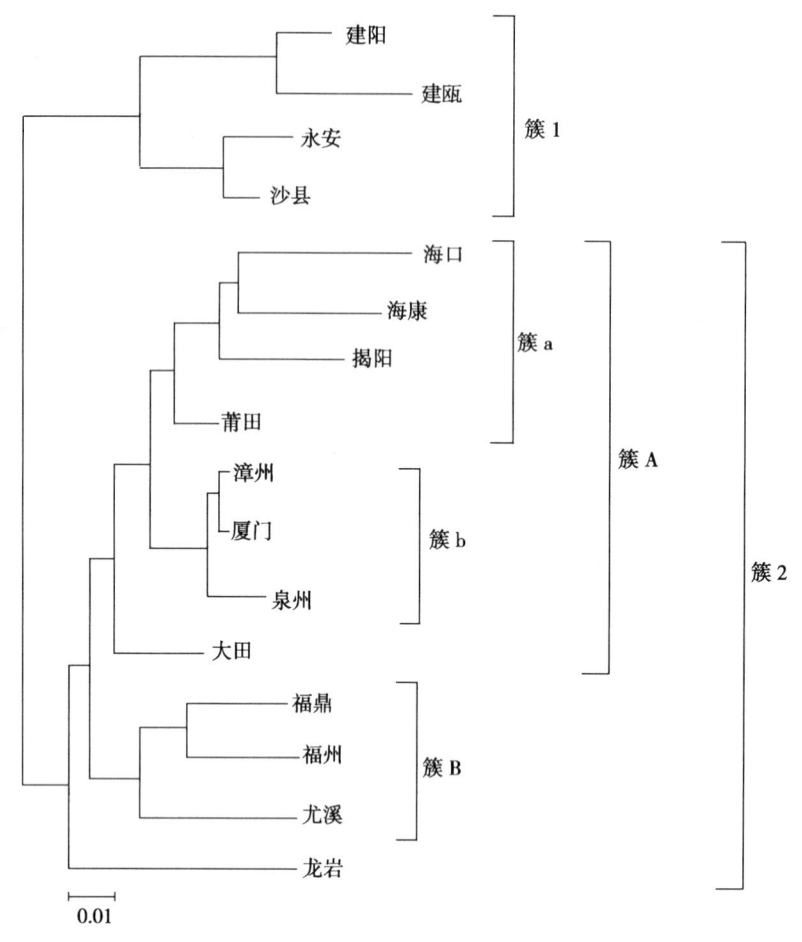

图 2-4　闽语 16 点树形图

3）莆仙（莆田）和潮汕（揭阳）、雷琼（海康、海口）比较近，跟学者们提出的"广义闽南方言"相符合，即莆仙、潮汕、雷琼三个方言小片再加上厦门、漳州、泉州。

4）尤溪和大田可视为过渡方言，尤溪和闽东（福州、福鼎）归类在一起，大田和"广义闽南方言"归类在一起。

详细分析见林天送等（2010）[①]，此处不再叙述。

[①] 林天送、范莹：《闽方言的词源统计分类》，《语言科学》2010 年第 6 期。

2.2.3 对计量法的评论

（1）在方言关系研究中的地位、意义、作用。所有事物的质的飞跃都是以量变的积累为前提，由于特征比较法无法严格地体现出量变的规则，所以我们引进计量法，但是，这并不是说否定特征比较法，而是进一步拓展了传统的研究方法。计量法的实质是把语言特征量化，通过一系列的数量运算，最终以数字和图形的形式表示出语言关系。计量法的材料基础依然是语言特征，如语音、语法和词汇，等等。如果离开了语言特征分析这个基础，那么语言学的定量研究就无意义了。对此，李如龙（2001）曾谈过计量研究在语言研究中的意义，他认为共时的语言分类有时要以一定的量为界限的，量是区别不同质的依据；历时的语言演变则通常是量变的积累导致质变的飞跃。所以，现代系统论非常重视计量研究。语言研究时，重视计量研究的作用，这是现代语言研究工作的一大进步……[①]

关于计量法在方言关系研究中的地位，以及它与特征比较法的关系，郑锦全（1988）曾经提到，目前，计量法及其结果给学界提供了一种以往甚至预想不到的方法来探讨语言演变和关系的一些问题。从另一方面来说，学术研究的成果是累积的，方言亲疏关系的计量研究还有改进的余地。[②]马希文（1989）认为，数理统计方法所做出的分析总是带有随机性的，不能以理论的、逻辑的分析来看待它。在理论研究的预备阶段，可以用统计的方法来整理数据，以求发现规律性的内容。在理论研究暂时还无法定量化的阶段，可以用统计的方法来作为理论研究的很好补充。合理的、好的统计方法应依据理论研究的成果来进行设计，且在不断尝试中逐渐确立下来。[③]陆致极（1992）也主张将方言的描写和比较由定性分析推进到定量分析，再由定量分析反过来深化和验证定性分析，从而使汉语方言研究的道路走上精密化、科学化和现代化，这是在理论上和方法上做出的新开拓，是非常有必要的。[④]

[①] 李如龙：《汉语方言的比较研究》，商务印书馆2001年版，第28页。
[②] 郑锦全：《汉语方言亲疏关系的计量研究》，《中国语文》1988年第2期。
[③] 马希文：《比较方言学中的计量方法》，《中国语文》1989年第5期。
[④] 陆致极：《汉语方言数量研究探索》，语文出版社1992年第6期。

在描述和分析方言之间亲疏关系时，计量法依据的是同源特征数量上的相关程度，而传统法则主要依据的是同源特征定性的是非关系，这是计量法和传统法的根本区别所在。统计学上，表示是非（或类别）关系的定性特征属于层次比较低的定类变量，表示数量关系的定量特征属于水平较高的定距变量，定距变量包含定类变量的信息，而定类变量不包含定距变量的信息。所以，根据相关聚类统计得出的方言之间亲疏关系的结论比根据特征判断得出的结论精确度要高。

（2）纯手工比对。特征统计法的步骤：特征选择；特征量化；计算相关系数；聚类分析。词源统计法步骤：编制同源词统计表；计算各对语言的同源比；整理相似矩阵和距离矩阵；画出与距离矩阵最匹配的树形图。特征统计法和词源统计法的第一步均为手工操作的方法，应该说是经验性的，很花费时间。

特征统计法中的特征选择这一步，到底选择什么样的特征才行？如何对一个语言进行特征选择和测量较容易？不同语言之间是存在各种差异的，依哪一个的为准呢？另外，特征并不是等权的，有些特征是要比其他一些特征"重要"，或者说有些特征的权值是要比其他一些要大。

词源统计法的同源词选择一直存在较大争论。同源词和借词如何区分是个老话题，也是语言系属讨论中最敏感和引起争议的问题，直到现在也未能彻底解决。邓晓华自己也认为难度大，"优选出同源词，编制同源词表，这部分工作量大，难度大。……如何正确处理，这取决于对古代音韵以及对语言的熟知程度"[1]。"统计的词目数量越大，就越难排除语言之间相互借用的成分。……应当尽量分清语言之间的同源和借用的关系。""如果我们不能很好地排除借词，则画出来的树图会与事实相去甚远。"[2]同源词原始数据不同，分析结果也会不同。但是问题仍然出在界定同源词的标准，而不是计量分析的方法上。

---

[1] 邓晓华、王士元：《苗瑶语族语言亲缘关系的计量研究—词源统计分析方法》，《中国语文》2003年第3期。

[2] 邓晓华、王士元：《壮侗语族语言的数理分类及其时间深度》，《中国语文》2007年第6期。

第 2 章　汉语方言关系研究方法论

（3）人为性或主观性比较强。依据某个字表或词汇表进行分析，其本身就存在着很大的人为性。尽管所依据的"字汇"和"词汇"表比较科学，但它仍然是人为选定的收录标准，这样在计量过程中不可避免地产生许多误差。比如很多方言里特有的有音无字的音节和词汇，往往又是这种方言的特色，在这些字表和词表中却难以反映出来，其计量则产生偏差。计量研究要求尽可能减少人为规定性，其所依据材料越客观，结果越精确。

相关统计反映方言亲疏关系的方法是把所有同源特征置于平等的地位，即假设所有同源特征对于确定方言亲疏关系的分类作用是均等的，但是实际方言诸多的同源特征之于亲疏关系的分类作用或权重可能是不一样的。例如传统上把一个音节分为声韵调三个部分，一般声调的数量要比声母和韵母的数量少得多，如果做等权重处理，声调的分类作用就会小得多。上述以中古声母韵母在诸汉语方言点不同音值的分布相关系数所做的聚类，共使用的 176 个分类特征中，声母占 40 个，韵母占 136 个，无形中是把韵母的权重加大了许多，因此韵母相对复杂的广州话就显得比其他 16 个方言点分歧更大；如果把声母的权重加大，又会是另一种分类结果。定性分类因不区分分类特征的权重而受到批评，而数量特征的计量分类对此不同方言特征的不平衡作用也没有鉴别能力，因此，和定性分类一样仍然存在分类特征的选择和加权问题。计量研究的关键是获取准确的方言分类的原始数据，即选择什么样的分类特征和确定不同特征对于分类具有多大的作用，这部分工作仍需要依靠专家的知识和经验。

（4）比较词表的选择比较困难。随着讨论的深入，人们逐渐认识到确定语言之间同源词的时候，选择比较词项是一个很关键的问题。择词合理与否直接影响到比较的结果。比如同族词问题、借词与本族词的区分问题、特色词问题，等等。由于词的性质不尽相同，同时比较词项又有数量上的要求，操作起来十分困难。这就涉及了可供操作且符合比较目的的比较词表的选择问题。选择多少数目的关系词才较适合做亲缘关系的分类比较，这个问题很重要。目前国内外还没有人拿出更合理、更有说服力、实践性更强的核心词表，这本身也是一项非常困难的工作。

词源统计法在精选比较用词的时候严格遵守语义原则，以期适用于人类所有语言的比较。这种严格的语义原则实际上是以概念为基础的,想选用一些表达与人类日常生活关系最密切的概念的语词作为研究的材料。这就提出了一个难以完成的任务。概念是人类思维的基本形式之一,它是全人类共同的,而以什么方式去表达这些人类共同的概念,各语言是不同的,即语言具有鲜明的民族特点,因而两种语言很难找到意义、用法等各方面都等价的词。例如,百词表中的英语"many"只能表示可数事物的"多",而汉语的"多"就没有这种限制。同样一个概念,甲语言用一个词来表示,乙语言却可以用几个词从各个不同的角度去表达这个概念。例如"杀",广州话说"杀人"时用"杀",而说杀鸡、杀猪时就不用"杀",而用"刲",等等。这是斯瓦迪士词表的一个弱点,曾受到很多人的批评。例如人类语言学家侯杰(H.Hoijer)在把斯瓦迪士的词表用于印第安的那伐荷(Navaho)语的研究时就发现很多词对不上号:表示"树"(tree)的意义很广泛,包括棍子、木材、柱头及各种木块;"种子"(seed)、"眼睛"(eye)共用一个词;"头发"(hair)、"头"(head)共用一个词,而动物的毛发则用另一个词来表达;"知道"(know)这个概念也分别用三个词来表示,等等。面对这种参差的对应,词表在对比翻译时就不能不带有一点主观性,不同的翻译必然会影响测算的准确性。词源统计法的计算误差,至少有一部分是由这种原因造成的。

最后,我们想说的是,正如我们前面提到的那样,计量方法是对传统研究方法的补充与发展,而不是别其道而行之的。

2.3　自动相似关系判断法

近年来,人们采用自动距离计算方法对语言或方言进行发生学亲缘关系计算(phylogenetic algorithms),并取得了令人瞩目的成绩。其中尤为值得关注的是德国马克斯—普朗克进化人类学研究所语言学系的相似性自动判断程序(以下简称ASJP)项目。该项目的目标是:为所有语言提供一种用于分类的客观方法；对词汇项目的历史和区域特性进行统计分析。而其价值则是：自动重建语言之间的发生学关系，对新发现和尚未分类的语言进行分类，同时还具有区分同源词和借词的功能。ASJP能够获得词语之间的数据关系，语言间的相似距离矩阵，并最终生成可以表明语言相关关系的树形图。

德国马克斯—普朗克进化人类学研究所位于德国莱比锡市。马克斯—普朗克研究所（Max Planck Institute, MPI），简称马普所，是德国联邦和州政府支持的一个非营利性研究机构，其研究领域的成果享誉世界。马普所和中国科学院一样，有近80个科研院所组成，涵盖了对自然科学、生命科学、社会科学、艺术和人文学科的基础研究。位于莱比锡市的进化人类学研究所便是其中一个子所。

Brown、Holman和Wichmann等（2007）描述了通过自动的词汇比较进行语言系属分类的方法。文章称该方法的结果与历史语言学家的分类结果近似。该方法的核心是ASJP。从技术的角度来看，利用ASJP比较的语言数量是没有限制的。文章中说："本项目的最终目标是对能够获得斯瓦迪士100词的所有的世界语言进行比较。保守估计是世界上将近6000种语言中的至少2500种语言。"[①]利用ASJP对语言数据进行处理，然后利用生物学上的计算机程序生成系统发生树。系统发生树反映了通过ASJP判断的语言的词汇相似性，树上同一分支的语言比不同分支的语言的词汇相似性更高。把系统发生树的分类结果同历史语言学家的分类结果相比，实质上是一致的。

ASJP项目最耗时的是语言的斯瓦迪士100词的收集工作。实际上，大部分语言的斯瓦迪士100词可以从网络或其他资源渠道获得。一旦收集好100词，就可以利用统一的标准的正字法对其进行转换了。Brown、Holman和Wichmann等（2007）中说："如果每种语言的100词不利用统一的标准的正字法进行转换的话，词汇的自动比较工作就不可能完成。"[②]为此，基

---

① Brown, C. H., E. W. Holman, S. Wichmann, and V. Velupillai, Automated classification of the World's languages: A description of the method and preliminary results, *STUF-Language Typology and Universals*, 2007, 61: 285-308.

② Brown, C. H., E. W. Holman, S. Wichmann, and V. Velupillai, Automated classification of the World's languages: A description of the method and preliminary results, *STUF-Language Typology and Universals*, 2007, 61: 285-308.

于键盘的局限性，和传统编程语言表示国际音标编码问题的两方面考虑，ASJP 项目组开发了一种 ASJP 正字法，其最大特点就是所有符号都可以从键盘的输入，可视为国际音标的简化版。

2.3.1 方法阐述

Brown、Holman 和 Wichmann 等（2007）阐述了 ASJP 的具体操作步骤：

①收集语言的斯瓦迪士 100 词。

②利用 ASJP 正字法（ASJP 项目组制定了一些规则将国际音标转换为符号，例如将国际音标中的[i，ɪ，y，ʏ]转换成为 i，将国际音标的[e，ø]转换成为 e 等，具体原因见前面的叙述）对 100 词进行转换。

③自动相似性判断。利用编写好的计算机程序实现词汇相似性的判断（需要注意的是，此时词汇的国际音标发音已经在第二步中进行了转换，转换成符号来表示了），判断规则是：在两种语言中，表示同一个事物的一个词的单个音节至少有两个符号是相同的，就可判定这两个词在词汇学上是相同的。这种判定区分符号线性排列顺序。

④利用生物学上的种系发生树程序 SplitTrees 生成语言关系树状图。

特别说明的是，第二步的工作是手工完成的，这也是本书要对其进行改进的地方。

2.3.2 结果举例

ASJP 项目组对世界上将近 2000 种语言和方言做了分类，这些语言和方言的分布区域图见 ASJP 数据库[①]。在此，以印欧语系和南亚语系为例说明 ASJP 的分类结果。

2.3.2.1 印欧语系

图 2-5 是 ASJP 对印欧语系部分语言做的分类结果。传统的历史比较法对图 2-5 语言所做的分类如下：

---

① Holman, E.W., C.H.Brown, S.Wichmann, A.Muller, and V.Velupillai, Automated dating of the world's language families based on lexical similarity, *Current Anthropology*, 2011, 52 (6): 841-875.

第 2 章 汉语方言关系研究方法论

INDO-IRANIAN:

  IRANIAN: Persian

  INDO-ARYAN: Hindi, Nepali

CELTIC: Irish, Welsh

ITALIC: French, Spanish

GERMANIC: English, German

ARMENIAN: Armenian

BALTIC: Latvian, Lithuanian

SLAVONIC: Russian, Serbo-Croatian

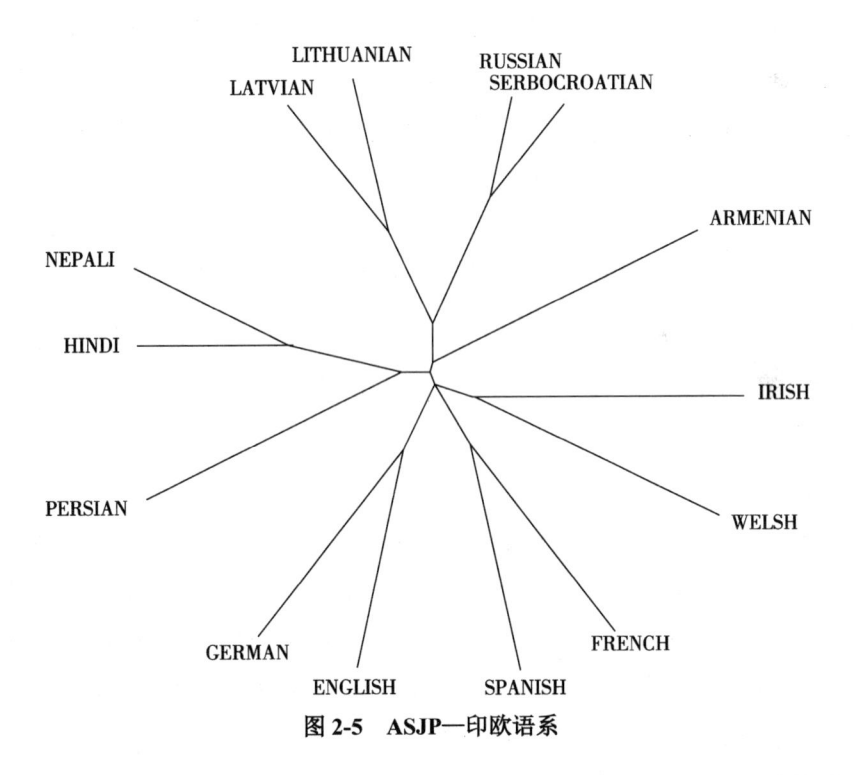

图 2-5　ASJP—印欧语系

从图 2-5 中可以看出，ASJP 产生的分类结果同传统历史比较法的结果是完全一样的。可能最有争议的地方是，BALTIC 诸语言和 SLAVONIC 诸语言是否合起来组成 BALTIC-SLAVONIC 语族。BALTIC 诸语言和 SLAVONIC 诸语言拥有其他印欧语系语言所没有的一些语言特征是几乎没有争论的，然而，我们可以讨论的是这些共同特征是由于频繁接触还是亲缘关系造成的。但无论是频繁接触还是亲缘关系造成的，ASJP的分类结果明确地把BALTIC诸语言和SLAVONIC诸语言同其他语言分开，归类到同一个分支上。

2.3.2.2 南亚语系

图2-6是ASJP对南亚语系部分语言做的分类结果。传统的历史比较法对图2-6语言所做的分类如下（Bradley，1994）：

从图2-6中可以看出，ASJP分类与传统分类一致的语言有：PALAUNGIC（Deang, Wa），KHMUIC（Khmu, Ksinmul），VIET-MUONG（Vietnamese, Ruc），BAHNARIC（Bahnar, Jeh, Sedang, Chrau）和MONIC（Mon, Nyakur）。按照传统历史比较法的结果，BAHNARIC语支语言和KATUIC语支语言构成KATUIC-BAHNARIC语支，但ASJP分类结果并没有把这两个语支的语言归类到同一分支上。然而，Bradley（1994）注意到：虽然多数学者认为这两个语支语言应该归类到一组，但仍有一些学者认为，它们应该分离。同样，ASJP分类结果也没有把PALAUNGIC语支和KHMUIC语支语言构成NORTHERN MON-KHMER语支。最后，Mundari语和Khasi语的归类也与传统分类不符，这可能反映了语言的接触现象。

2.3.3 ASJP的进一步发展

Brown、Holman和Wichmann等（2007）中ASJP操作步骤第三步的相似性判断是简单的是否判断，即词汇相似为1，词汇不相似为0，属于词汇统计学范畴。后来，ASJP项目组对相似性判断做了改进，利用编辑距离算法计算词汇之间的相似度（Holman、Wichmann和Brown等，2008）。

Holman、Wichmann和Brown等（2008）认为现在的语言关系计算方法跟之前（Brown、Holman和Wichmann等，2007）的方法有两点不同。一是词汇之间的比较采用编辑距离算法，比较的结果为一个反映语言之间关系的距离矩阵；二是基于距离矩阵，利用生物学上研究系统发生关系的算法和软件，生成表示语言关系的图形化树枝状结构——谱系树。文章认

第 2 章 汉语方言关系研究方法论

MUNDA: Mundari
MON-KHMER:
 KHASIAN: Khasi
 NORTHERN MON-KHMER:
  PALAUNGIC: Deang, Wa
  KHMUIC: Khmu, Ksinmul
 VIET-MUONG: Vietnamese, Ruc
 KATUIC-BAHNARIC:
  BAHNARIC: Bahnar, Jeh, Sedang, Chrau
  KATUIC: Kui
 KHMER: Khmer
 MONIC: Mon, Nyakur
 ASILIAN: Semai

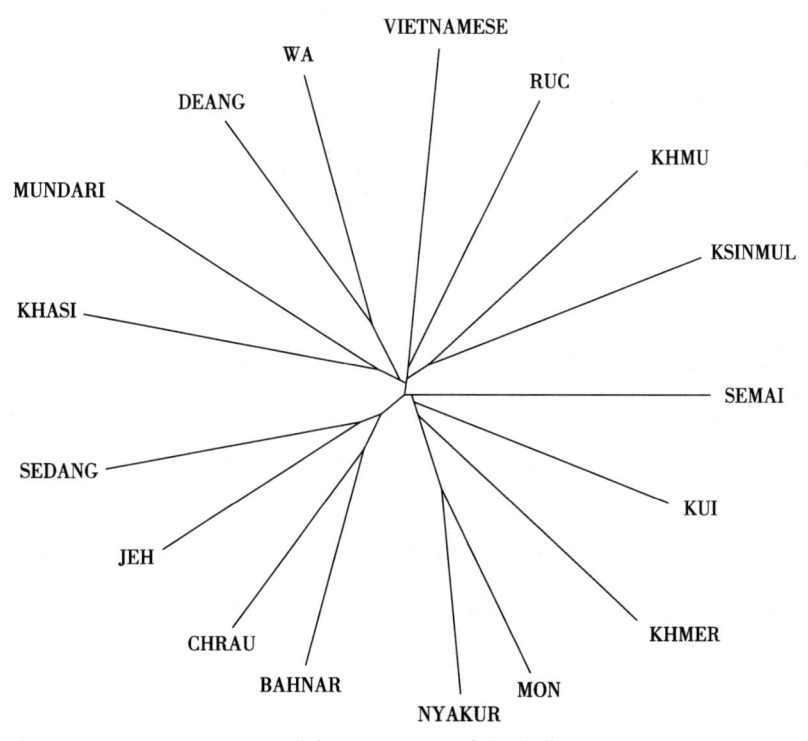

图 2-6 ASJP—南亚语系

为现在的 ASJP 能自动对语言进行分类，并且可以将这一套客观的方法应用于非常大的语言样本，这有利于大规模语言数据的统计研究，同时可以揭示之前未知语言的发生关系。

Holman、Wichmann 和 Brown 等（2008）说："截至目前，我们已经收集和整理了世界上接近 2000 种语言的基本词汇数据。基于编辑距离（Levenshtein Distance，简称 LD）算法，2000 种语言需要比较将近两百万个语言对。对于一对词，LD 定义为一个词转换为另一个词需要插入、删除和替换的符号的最小次数。对于任何一个语言对 L1 和 L2，首先对 L1 和 L2 中 N 个斯瓦迪士词的每一个词计算 LD 值，然后对这些 LD 值进行归一化处理，即每个 LD 值除以理论上的最大值，得到 LDN。最后，由于词汇相似度会受到词汇偶然相似的影响，例如音位列表的重叠或两种语言都含有的音位结构学偏好，我们需要调整每个 LDN 值，调整方法是取 N（N-1）/2 个词对的 LDN 值的平均值，得到 LDND。然后 N 个词对的每一个都得到一个 LDND 值。语言对 L1 和 L2 的 LDND 值也就是它们之间的编辑距离，定义为每个词对的 LDND 值的平均值。"[①]

2.4 本书采用的方法

如上文所述，ASJP 的核心是编辑距离算法。最近这些年的研究证明，编辑距离在测量语言或方言间距离方面是有效的（Gooskens and Heeringa, 2004; Gooskens, 2007; Kurschner, Gooskens and Bezooijen, 2008; Gooskens, 2013）。编辑距离可应用于不同的语言学领域，如计算语言学和方言学等。Kessler（1995）第一次将编辑距离应用于测量爱尔兰盖尔语方言之间的距离。从那以后，有很多的研究用这种方法来测量语言或方言间的距离。Nerbonne et al.（1996）应用编辑距离测量 20 种荷兰方言间距离；Heeringa

---

[①] Holman, E. W., S. Wichmann, C. H. Brown, V. Velupillai, A. Muller, and D. Bakker, Explorations in automated lexicostatistics, *Folia Linguistica*, 2008, 42: 331-354.

第 2 章 汉语方言关系研究方法论

（2004）则通过测量荷兰的从东北到西南的 27 种方言间的距离进一步展示了编辑距离的功能；Bolognesi and Heeringa（2002）、Gooskens and Heeringa（2004）、Gooskens（2007）和 Nerbonne and Siedle（2005）分别应用编辑距离测量撒丁语、挪威语、斯堪的纳维亚语和德语。以上大部分研究的是欧洲语言。除此之外，编辑距离还被应用于印欧语系（Serva and Petroni, 2008; Tria et al., 2010），南岛语系（Petroni and Serva, 2008），突厥语（van der Ark et al., 2007），印度伊朗语系（van der Ark et al., 2007），玛雅语系、米塞—索克语系、奥托—曼格安语系、Huitotoan-Ocaina、Tacanan、Chocoan、穆斯科格语系、南亚语系（Brown et al., 2007; Holman et al., 2008; Bakker et al., 2009）。

针对语言材料的大规模化，以及语言材料自身属性方面复杂的异源性、零散性、异质性、数量不等性等特点，语言学家有很多理由利用计算机来帮助自己处理语言材料。历史比较法几乎每个步骤都是纯手工比对的方法，以人为经验和判断为主；特征统计法和词源统计法的第一步也具有人为性，应该说是经验性的而非理据性的。基于编辑距离的语言分类方法相比较于历史比较的方法，不需要花费大量时间（Brown et al., 2007），或者不像历史比较法那样在辨识语言对应关系时存在的主观性（Serva, Petroni, 2008），即省时省力且客观。并且，以上的研究表明，基于编辑距离的语言分类结果与历史比较法的分类结果非常相似，即编辑距离算法是可信的。另外，编辑距离算法能自动对语言进行分类，并且可以将这一套客观的方法应用于非常大的语言样本，这有利于大规模的语言数据的统计研究，同时可以揭示之前未知的语言发生关系（Holman、Wichmann 和 Brown 等，2008）。也就是说，基于编辑距离的语言分类方法是计算机自动进行运算，无需人工参与，即使是无经验的研究人员也可操作，这体现了方法的客观性，且该方法简洁、速度快，还能预测未知语言关系。

但是，Greenhill 对基于编辑距离的语言分类方法提出了质疑。Greenhill（2011）通过对南岛语族的语言数据进行二次抽样，选取其中的三个语言子集来测试基于编辑距离的语言分类方法的性能。结果表明，编辑距离法的分类结果与历史比较法相比，其正确率只有 40%；通过使用统一的标音法对语言进行标音后,其正确率提高到最高 65%。他认为,编辑距离法不能精确地辨识语言之间的关系,并且,导致该方法性能低的主要原因是编辑距离在语言学方面的幼稚性,至少体现在四个方面。

第一,编辑距离模糊了同源词和非同源词之间的区别。通常,方言研究探索同源词集内的变化,其中两个条目间的编辑距离一般是一两个字符的变化。与此相反,当对语言进行分类时,计量方法合并了两个不同的处理:同源词集内的变化和同源词集间的变化。两个同源词(例如 tolu 和 telu)间的距离是小的(0.25),但是,计算两个不同同源词(例如 tolu 和 hike)间距离会给出一个很大的不同字符串比较值。当词汇有很大的区别时,编辑距离更有可能反映偶然相似性。

第二,编辑距离识别词汇间的表面相似性。对于谱系分类,历史语言学家对表面相似性持怀疑态度,因为表面相似性可能反映了词汇借用,拟态词,拟声词,童音形式,偶然性关系而不是发生学关系。

第三,像音位转换、叠词、词缀的去屈折化这些处理过程包含多重字符差异,但在编辑距离算法中仅作为一个变化来处理。例如,马来语 takut(害怕)跟原始马来—波利尼西亚语 *ma-takut(可怕的,害怕的)是同源词。*ma-是一个状态动词前缀[1],表示有去屈折化的倾向。编辑距离用两次或三次插入/删除操作来表示上述变化,而不是作为一个单个变化来处理。也就是说,在编辑距离之下,所有语音变化的可能性是等同的,且以同样的速率发生。事实上,有些变化很少发生,而有些变化很频繁且反复发生(例如,/t/到/k/被认为在南岛语系独立发生过至少 20 次)。

第四,分类性能低下的最后一个原因是根据一个整体的距离度量得到分支语言的结果。直觉上,根据最小距离聚类是有道理的,但会有两个后果。一是距离度量忽略了来自祖语的保留形式和语言共享创新形式之间的差异。这种差异(历史比较法中很常见)对于正确分组很重要。二是距离度量移除了大比例的数据信息,当使用原始数据时,可以获得较好的分类性能。采用基于距离的子群分类方法会受到词汇保留率变化的影响。

---

[1] 其中的"*"是历史语言学表示构拟形式,构拟是比较法的程序之一,表示是虚构的。

第 2 章　汉语方言关系研究方法论

　　Greenhill 的实验结论表明编辑距离分类需要探索更好的方法及途径，本书拟改进编辑距离方法，并基于 Almeida & Braun 发音系统，生成能反映语言学方面的距离，加入更多的语言学信息，使得一步编辑操作采用更具有细微差别的距离，从而提高编辑距离方法的性能。

　　"前修未密，后出转精"，在汉语方言关系研究的方法论方面，不仅要继承前人的优良传统，更重要的，是要不断有新的探求。

第3章 编辑距离算法与改进

3.1 序列比对

比对是科学研究人员在科学研究过程中最常用的方法，是通过将研究对象进行互相比较来探寻对象可能具有的特征的方法。序列比对，就是利用一定的数学模型或数学算法，寻找出两个或多个序列间的有规律的排列，比对的结果反映出了对比序列间的相似性关系甚至于同源性关系。[①]

序列比对方法已被用在许多不同的研究领域。首先，在生物信息学处理领域中，比对是最常见和最经典的研究方法之一。比较未知序列与已知序列间的相似性是生物信息学研究过程中的主要处理手段，对研究生物大分子在结构、功能以及进化上的联系具有重要的参考价值，常用于研究由共同祖先进化而来的序列。其次，序列比对可应用到语音和说话人识别；纠正打字错误；收音机或电报机传输的编码的错误控制等，也用于气相色谱分析，这是一种用于分离和/或分析复杂混合物的物理方法，色谱图是可以互相比较的序列。再次，序列比对被应用于鸟鸣声的比较，在一些鸟类中，鸣声是一种很重要的通信手段，它是通过父辈传子辈的方式习得的，从一个地方到另一个地方有类似语言存在方言变化的现象。此外，序列比对还被发现用于地层序列和树的年轮的比较以及语言演化或文本不同版本

[①] 罗森林、潘丽敏、马俊：《生物信息处理技术与方法》，北京理工大学出版社2015年版。

的校对的研究中等。

序列比对，包括在同一序列内不同片段的比较和多个序列的对比在生物信息学研究工作中占有重要的地位。周长发（2009）中说："生物信息学就是利用分子标记（主要是 DNA、RNA 和蛋白质分子或其片段）来探讨生物系统发育和进化过程的学科。亲缘关系近、分歧时间晚的类群在分子水平上也应该相似或相近，而亲缘关系较远、分歧时间早的类群在分子水平上也更不同。"[①]本书认为，语言的"分子标记"就是不同语言的不同发音。

在本书的研究中，我们将序列比对用于不同语言变体的不同发音的比较，以便测量语言变体之间的距离。序列比对有如汉明距离、曼哈顿距离、欧氏距离等几种方法，但这些方法都要求比较的序列长度相同。大多数情况下，不同语言的发音的长度是不同的。而且，刚刚提到的方法的序列对应并不总是正确的。以英语词项 afternoon 举例来说，Savannah 方言的发音为[æftənʉn]（忽略附加符号），Lancaster 方言的发音为[æftərnun]（忽略附加符号）（W. Heeringa，2004）。假设用汉明距离来比较这两个发音，如下：

æ	ə	f	t	ə	n	ʉ	n
æ	f	t	ə	r	n	u	n
1	1	1	1		1		

它们之间的距离为 5。但是，我们看到，在计算汉明距离时，互相对应的元素不被认为是对应元素，f 应该跟 f 对应，而不是跟 ə 对应，即不是对应元素对应，其结果就是计算出的两个发音间的距离太大了。

编辑距离可以解决上述的长度和对应问题，距离计算时能够处理不同长度的对应。编辑距离算法可应用于本节开始提到的所有领域。Kessler（1995）第一次将编辑距离应用于方言比较，他应用该算法对盖尔语方言进行了比较。本书将应用改进了的编辑距离计算方法对语言进行相互比较。

[①] 周长发：《生物进化与分类原理》，科学出版社 2009 年版，第 193 页。

3.2 编辑距离算法简介

3.2.1 编辑距离定义

编辑距离又叫作 Levenshtein 距离（也称为 Edit Distance，又可简称 LD 或 ED），是由俄国著名科学家 Vladimir Levenshtein 于 1965 年首次提出的，是一种很常用的距离函数测量方法。

编辑距离的基本理念是字符串变换操作。为了测定两个字符串的区别程度，可以通过删除、替换和插入字符操作将一个字符串变换为另一个字符串。一般情况下，删除、替换和插入这三种操作的代价都为 1，也就是说，每种字符操作都会发生一次变换。此处以上节中的英语词项 afternoon 为例来说明这三种操作的使用，两方言的发音分别为[æəftənʉn]（忽略附加符号）和[æftərnun]（忽略附加符号）。[æəftənʉn]变换为[æftərnun]的过程（此处的字符串为国际音标符号形式）如下：

æəftənʉn	删除 ə	1
æftnʉn	删除 f	1
ætnʉn	t 替换为 r	1
ærnʉn	插入 f	1
æfərnʉn	插入 t	1
æftərnʉn	ʉ替换为 u	1
æftərnun		

6

但是下面的变换过程更有效率：

æəftənʉn	删除 ə	1
æftənʉn	插入 r	1

æftərnʊn	ʊ替换为 u	1
æftərnun		
		3

以上例子表明一个音素组合变换为另一个音素组合有多种可能操作，会产生不同的代价值。而我们关心的是音素组合 p1 变换为音素组合 p2 所需操作的最小代价，这个就是编辑距离值。考虑到 p1 变换为 p2 有许多不同的操作序列，这就涉及如何转换操作代价最小，并且效率高。编辑距离算法就是用来解决这些问题的。

编辑距离是指从源字符串 S 变换到目标字符串 T 所需要的最少的编辑操作数或最小的编辑操作代价。编辑操作的意思是：对源字符串指定位置上的单个字符执行删除、插入或替换的动作。

3.2.2 编辑距离算法的计算步骤

将字符串 S 变换到 T 可以有多种编辑操作序列（下节会用回溯路径来描述所需的编辑操作序列），因而导致其编辑操作次数或编辑操作代价也会不相同，但两字符串之间的编辑距离定义为全部编辑操作序列所对应的编辑操作代价值的最小值。所以，计算两个字符串之间的编辑距离值的过程就是一个求问题最优解的过程，是利用动态规划来处理解决的。编辑距离算法的计算步骤如下：

步骤 1：假定 n 为源字符串 s 的长度值，m 为目标字符串 t 的长度值；

如果 n 等于 0，那么返回 m 并退出，反之，如果 m 等于 0，那么返回 n 并退出；

定义一个矩阵 d[m+1，n+1]；初始化该矩阵第一行，其值为 0，…，n；初始化该矩阵第一列，其值为 0，…，m；

初始化的意思是说明当字符串 s 或 t 为空时，相应的编辑距离值的计算。如果字符串 t 是空时，将 s 变换为 t 则只需不断地删除字符就可，反之的话，则需不断地添加字符即可。当矩阵 d 的第一行和第一列完成初始化过程后，那么就可以根据下列步骤（第 2，3，4 步）步过程去计算矩阵 d 中的其他剩余元素。

步骤2：检查s（i from 1 to n）中的每个字符；检查t（j from 1 to m）中的每个字符；

步骤3：如果s[i]==t[j]，则编辑代价cost为0；如果s[i]!=t[j]，则编辑代价cost为1；

步骤4：设置矩阵单元格d[i, j]的值为下面三个值的最小值，即d[i, j]=min（upper, upperleft, left）：

a.左边单元格的值加1（插入操作）：d[i, j-1]+1，记为left。

b.正上方单元格的值加1（删除操作）：d[i-1, j]+1，记为upper。

c.左上角对角线单元格的值加上cost的值（替换操作）：d[i-1, j-1]+cost，记为upperleft。

步骤5：在完成上述迭代步骤（第2，3，4步）之后，d[n, m]就是编辑距离的值。

下面以字符串beauty和batyu（此处的字符串为英文字母形式，3.2.3与3.2.4的beauty和batyu与之相同，不再重复说明）为例来说明上述编辑距离算法的整个计算过程。

第一步，对矩阵进行初始化，见表3-1。

第二步，利用上述计算步骤（第2，3，4步）计算填充其他行。行中每个单元格的值由它的左方、上方和左上角的数值决定，取以下三个值的最小值：

a.如果最上方的字符等于最左方的字符，则为左上角的数字，否则为左上角的数字+1；

b.左方数字+1；

c.上方数字+1。

表3-1 初始化矩阵

		b	e	a	u	t	y
	0	1	2	3	4	5	6
b	1						
a	2						

第 3 章　编辑距离算法与改进

续表

		b	e	a	u	t	y
t	3						
y	4						
u	5						

表 3-2　单元格①处计算过程

		b	e	a	u	t	y
	0	1	2	3	4	5	6
b	1	①	②				
a	2	③					
t	3						
y	4						
u	5						

（左上角加 0，上方加 1，左方加 1 标注于①②③处）

如表 3-2 单元格①处的值即是两个单词的第一个字符[b]比较得到的值，其值由它上方的值（1）、它左方的值（1）和它左上角的值（0）来决定。当单元格所在的行和列所对应的字符（如③处对应的是 a 和 b）相等时，它左上角的值+0，否则+1（如①处，[b]=[b]，所以它左上角的值加 0 即 0+0=0，而②处[b]!=[e]，所以它左上角的值加 1 即 1+1=2）。然后再将该单元格的左单元格与上单元格的数值分别加上 1，最后拿相加后获得的三个数值的最小值来作为该单元格的值。如①处相加后其左上角、左方、上方的值为 0、2、2，最小值为 0，故①处单元格的值为 0。

表 3-3　单元格②处计算过程

		b	e	a	u	t	y
	0	1	2	3	4	5	6
b	1	0	②				
a	2	③					
t	3						
y	4						
u	5						

（左上角加 1，上方加 1，左方加 1 标注于②③处）

表 3-4 完整的距离矩阵

		b	e	a	u	t	y
	0	1	2	3	4	5	6
b	1	0	1	2	3	4	5
a	2	1	1	1	2	3	4
t	3	2	2	2	2	2	3
y	4	3	3	3	3	3	2
u	5	4	4	4	3	4	**3**

②处相加后其左上角、左方、上方的值为 2、1、3，最小值为 1，故②处单元格的值为 1，见表 3-3。③处得到的值为（2，3，1），故③处单元格的值为 1。

最后，经过计算得到的完整的距离矩阵见表 3-4，最右下角的加粗了的值就是编辑距离值，也就是说字符串 beauty 与 batyu 的编辑距离是 3。

3.2.3 编辑距离原理

上节已经清楚地解释了编辑距离的计算过程，但是为什么这样做呢？这其实就是字符串对齐的思路。还是以字符串 beauty 和 batyu 为例说明，先把相关字符各自对齐，如下：

b e a u t y
b a t y u

然后把上面的源串 s[0…i]="beauty"编辑成目标串 t[0…j]="batyu"，就要观察字符串 s 和 t 最后一个字符 s[i]和 t[j]所出现的 4 种情况，也就是"字符—空缺""空缺—字符""字符—字符"和"空缺—空缺"。因为"空缺—空缺"是多余的编辑操作，所以实际上只存在如下 3 种情况：

a.源串 s 有字符 X，目标串 t 空缺，也就是"s：字符 X，t：空缺"。那么要把 s 变成 t，则表示源串 s 要删除字符 X，即 d[i-1][j]+1。

b.源串 s 空缺，目标串 t 有字符 Y，也就是"s：空缺，t：字符 Y"。那么要把 s 变成 t，则表示源串 s 要插入字符 Y，即 d[i][j-1]+1。

c.源串 s 中的字符 X 跟目标串 t 中的字符 Y 对应，也就是"s：字符 X，t：字符 Y"。那么要把 s 变成 t，则表示要把源串 s 里的字符 X 替换为目标串 t 里的字符 Y，可得方程 d[i-1][j-1]+（s[i]= =t[j]?0:1）。

综上所述，如果用 d[i][j]表示源串 s[0…i]和目标串 t[0…j]的最少操作数（也就是编辑距离），则可以写出的深度优先状态方程如下：

d[i][j]=min{d[i-1][j]+1, d[i][j-1]+1, d[i-1][j-1]+（s[i]= =t[j]?0:1）}

3.2.4 回溯路径

如果想直观地了解两个字符串变换的实际操作过程则需要递归的方式从矩阵右下角寻找字符串的单元操作步骤，此过程产生的一条路径称为编辑距离回溯路径，即编辑距离矩阵从矩阵最右下角编辑距离值所在的矩阵元素 d_{nm} 按照规则上溯到矩阵最左上角矩阵元素 d_{00} 时，由遍历过的单元格构成的一条从右下到左上的路径。通过回溯可以发现最佳对齐方式。

寻找回溯路径时要从右下角的元素开始，依次看当前元素是如何得到的，有时一个元素可能有多种得到的方式，即表明可以有多种操作可以得到相同的结果。

还是以前面的字符串 beauty 和 batyu 为例，其回溯路径如图 3-1 所示。

将回溯路径再反过来就可得到以源串变换为目标串实际编辑操作的路径。如图 3-2 所示。

源串 beauty 变为目标串 batyu 的编辑过程见图 3-2，阐述如下：

a. 从左上角开始，斜向下，且值未变，说明相同，不用操作，还是 beauty；

b. b 之后向右，即删除 e，变为 bauty；

c. 斜向下，且值未变，说明相同，不用操作，还是 bauty；

d. a 之后向右，即删除 u，变为 baty；

e. 接下两步均斜向下，且值未变，说明相同，不用操作，还是 baty；

f. 最后一步，向下，表示添加，此处添加 u，变为目标串 batyu。

由上可以看出，源串 beauty 变为目标串 batyu 共需 3 步操作（删除 e，删除 u，添加 u），编辑距离为 3。

		b	e	a	u	t	y
	0	1	2	3	4	5	6
b	1	0	1	2	3	4	5
a	2	1	1	1	2	3	4
t	3	2	2	2	2	2	3
y	4	3	3	3	3	3	2
u	5	4	4	4	3	4	3

图 3-1　回溯路径

		b	e	a	u	t	y
	0	1	2	3	4	5	6
b	1	0	1	2	3	4	5
a	2	1	1	1	2	3	4
t	3	2	2	2	2	2	3
y	4	3	3	3	3	3	2
u	5	4	4	4	3	4	3

图 3-2　实际编辑操作

实际上，源串 beauty 和目标串 batyu 的匹配为：

b e **a** u **t** **y** _
b _ **a** _ **t** **y** u

粗体字符代表匹配字符，正常字符代表编辑操作，"_"代表插入或者是删除操作，可以看出正常字符有 3 个，表示编辑距离为 3。

3.2.5 路径选择

有时一个元素可能有多种得到的方式，即表明可以有多种操作可以得到相同的结果。也就是编辑距离值是相同的，但可能的路径会有多个。

为了叙述清楚，我们假设一个例子，即考虑字符串 aft 和 aef（此处的字符串为英文字母形式），这两个字符串的编辑距离是 2，但有两条回溯路径，如图 3-3 所示。

		a	f	t
	0	1	2	3
a	1	0	1	2
e	2	1	1	2
f	3	2	1	2

图 3-3　多条路径

图 3-3 两条路径对应的对齐方式如下：

```
a f t         a _ f t
a e f         a e f _
1 1           1 1
```

我们认为右边的对齐是最好的，因为在这种对齐里，两个 f 表现为对应对齐。于是我们得到最长的对齐总是有最多数量的字符匹配。举几个实际语言的例子，德语、荷兰语的英语词项 bee 和 rabbit，英语和弗里斯兰语的英语词项 kanari（W. Heeringa，2004）（此处横线上方的字符串为国际音标符号形式）。

```
bee
德语        b i n ə          b _ i n ə
荷兰语      b ɛ i _          b ɛ i _ _
            1 1 1              1   1 1

rabbit
德语        k a n i n ç ə n      k a n _ i n ç ə n
荷兰语      k o n ɛ i _ _ n      k o n ɛ i n _ _ _
            1   1 1 1   1        1   1     1 1 1

kanari
英语        k ə n ɛ ə r i        k ə n ɛ ə r i _
弗里斯兰语  k ə n ɑ r j ə        k ə n ɑ _ r j ə
            1 1 1       1        1 1 1     1 1
```

从上述例子可以看出，长的对齐总是比短的对齐有更多的字符匹配。假设，距离会尽可能地接近人类感知，那么序列对齐应该反映出了人类感知不同发音差异的方式。因此，长的对齐是最好的。

3.2.6 归一化

当计算两个字符序列间距离时，一般而言，长序列间的距离会大于短序列间的距离。序列长度越长，它们之间存在差异的可能性就越大。如果我们直接采用这些距离值，那么在计算序列差异时就会出现序列贡献不均衡现象。因此，我们要对获得的距离值执行归一化计算，这跟序列长度有关系。由上节可知，我们选择长的对齐方式。所以，我们的归一化处理方式是：距离值除以最长对齐序列的长度值。以上节的字符串 aft 和 aef 为例，二者的编辑距离值是 2，最长对齐序列的长度值是 4，2 除以 4 得到 0.5，用此值来反映字符串 aft 和 aef 之间的距离差异。

3.2.7 最长对齐序列长度的计算

由前面的叙述我们得知，编辑距离相同，但可能有多条路径，不同路径对应不同的对齐方式。不同的对齐方式有不同的字符序列长度，归一时我们选择最小代价除以最长对齐序列的长度。最长对齐序列长度值的计算过程类似编辑距离的计算，其计算步骤如下：

步骤 1：构造一个与 2.2 节 d[m+1, n+1]同样大小的矩阵 len，初始化矩阵第一行值为 0, …, n；初始化矩阵第一列值为 0, …, m；

步骤 2：对于矩阵 len[i, j]，考虑下面三种可能性：

a.如果 upper 等于 d[i, j]（d[i, j]=min（upper, upperleft, left），详见 2.2 节，下同），那么 len[i-1, j]+1，记为 lenUpper。

b.如果 upperleft 等于 d[i, j]，那么 len[i-1, j-1]+1，记为 lenUpperLeft。

c.如果 left 等于 d[i, j]，那么 len[i, j-1]+1，记为 lenLeft。

与编辑距离的计算相反，最长对齐序列长度值取上面三个值的最大值，即 len[i, j]=max（lenUpper, lenUpperLeft, lenLeft）

步骤 3：整个矩阵迭代完成后，len[n, m]便是给出编辑距离值的最长对齐序列的长度值。

以前节的字符串 aft 和 aef 为例说明一下计算过程，见表 3-5 和表 3-6，两个表的右下角即为计算出的值。

表 3-5 编辑距离的计算

			a		f		t	
	0		1		2		3	
a	1	0	2	2	3	3	4
		2	**0**	1	**1**	2	**2**
e	2	2	1	1	2	2	3
		3	**1**	2	**1**	2	**2**
f	3	3	2	1	2	2	3
		4	**2**	3	**1**	2	**2**

表 3-6　最长对齐序列长度的计算

		a	f	t
	0	1	2	3
a	1	1　　**1**	2　　**2**	3　　**3**
e	2	2　　**2**	2　　**2**	3　3　**3**
f	3	3　　**3**	3　　**3**	3　4　**④**

3.2.8　语言学应用案例

Kessler（1995）第一次将编辑距离应用于方言比较，他应用该算法对盖尔语方言进行了比较。该文认为，方言分片可以通过对音标记音的分析客观地自动地实现。分析的第一步就是对方言点间的语言距离的计算，而这可以通过获得语音字符串的编辑距离的方式来得到。编辑距离得到的结果跟通过大量艰苦的劳动来决定和统计同言线的结果是非常相似的，并且比汉明距离的结果更精确。文章将该法应用于盖尔语方言，其结果是获得了合理的方言边界，跟国界和省界的划分是一致的。

文章首先分析了传统绘制同言线方法的不足，以及目前方言计量研究主要采用词汇对应方法，其结果也不尽理想。方言计量研究的当前状态显示出了两个主要问题，也是构成这篇文章的方法论焦点。第一个问题涉及距离矩阵。有没有一种方法可以建立精确的距离矩阵，并且尽可能减少编辑决策不丢弃相关数据？该篇文章的研究认为，这可以通过直接对音标记的音进行字符串距离计算的方式得到，并且其结果比词汇比较的方式更好；第二个问题涉及聚类技术。

文章接着说明了研究所采用的数据。数据来自 Wagner 1958，是 Wagner 通过问卷调查得到的爱尔兰盖尔语 86 个方言点的数据，数据采用国际音标的严式记音法记录。然后，文章利用了四种方法去计算语言距离矩阵，以便观察哪种方法更好，从而回答上面提到的距离矩阵问题。为了比较四种方法的结果,首先得有个参照,文章是利用同言线的结果进行参照,即通过分隔方言点的同言线数量得到一个距离矩阵。四种方法分别是:

(1)词源辨别法(etymon identity)。该法计算方言点间词干来自相同词源的词汇一致的数量的平均值。例如,对于词汇"bullock",方言通过它们是否采用了 bull-或 damh-的形式来进行区分。

(2)词汇辨别法(word identity)。如果词汇的所有词素是相同的,那么词汇就被认为是相同的。例如,对于词汇"bullán",采用后缀-án 和-óg 的方言是有区别的。

(3)语音字符串比较法(phone string comparison)。该法计算语音字符串(语音采用国际音标记音,由国际音标组成的字符串)间的编辑距离。编辑距离是指一个字符串变化为另外一个字符串所需的最少的替换、删除或插入编辑操作次数或最小代价。编辑距离方法中,三种编辑操作代价均是 1。例如,对于 eallaigh "cattle" 的[ᴀʟ:i]和[aʟi],二者的编辑距离是 2,因为需要两次替换[a]/[ᴀ]和[ʟ:]/[ʟ](附加符号:被认为是字符的一部分)。

(4)特征字符串比较法(feature string comparision)。该法将每个音素用 12 个语音特征(nasality, stricture, laterality, articulator, glottis, place, palatalization, rounding, length, height, strength, syllabicity)表示[①]。两个音素之间的距离为这两个音素的特征值之间的差异,取 12 个特征的平均值。这个距离再用到编辑距离的编辑代价中,替代(3)法中的编辑代价 1。特征字符串比较法又分为全词法(all-word)和同词法(same-word),全词法是所有词进行两两比较,同词法是同一词义的词进行两两比较。

接下来,文章将上述四种方法得到的距离矩阵跟同言线得到的距离矩阵比较,看哪种方法更接近同言线距离矩阵。比较结果见表3-7。

---

① Kessler(1995)在文章中说"特征值取 0—1 之间的离散的序数值,这些值是比较武断的。"(The features were given discrete ordinal values scaled between 0 and 1, the exact values being arbitraru). 这也是本书认为需要改进的地方。

表3-7 与同言线距离矩阵的相关性

	p	K_c
Phone string comparision（语音字符串比较法）	0.95	0.76
Feature string comparision（特征字符串比较法）		
——all-word（全词法）	0.92	0.70
——same-word（同词法）	0.91	0.69
Etymon identity（词源辨别法）	0.85	0.61
Word identity（词汇辨别法）	0.84	0.63

表3-7中的p表示Pearson（皮尔逊）相关系数，K_c表示Kendall（肯德尔）和谐系数，这两个是统计学上的概念，用于检验不同评估者对观察对象评定等级的相关程度，数值越大结果越好。表3-7的结果表明，基于音标标音的语音字符串比较的方法是最好的，而且，比复杂的特征比较法也好。另外，无论是限定全词比较还是同词比较，二者差别不大。

另一个关于聚类技术问题的讨论见Kessler（1995），此处不再叙述。

然后，Kessler利用语音字符串比较法和自底向上的聚类方法对盖尔语方言进行了聚类分析，认为主要盖尔语方言的分类跟传统的绘制同言线的结果是一致的。

最后，文章认为，实验结果表明利用程序自动划分方言分区是可靠的，并且只用语言调查得来的记音即可做到；精确的语言距离矩阵能通过计算语音字符串之间的编辑距离的方式得到。

3.3 元音及辅音间距离的计算

3.3.1 Almeida & Braun 调音系统简介

标音时，词汇被记录为一系列的语音片段（音素），音素不能再被进一步切分了，两个音素比较，要么相同，要么不同。在国际音标表里，音素用一些基本符号辅以一些附加标记来表示。音素表示法不会考虑不同但相似音素间的类似关系，它不认为[ɪ，e]比[ɪ，ɒ]更相似。这个问题可以通过将每个音素符号替换为特征束来解决，每个特征被看作是一个音素属性，用于分类声音，特征束是一系列的特征值，每个值表示对应音素属性数值化的程度。

Almeida 和 Braun（1986）开发了一个基于调音（articulation-based）的系统，起初是用于评价语音记录的信度和效度。系统的构建假设如下：语音记录首先是一个说话模仿的过程，紧接着是说话者发音姿势的转换，最后是语音描写（Almeida，1984；Almeida and Braun，1985）。语音描写以国际音标为标准。Almeida & Braun 系统源自国际音标舌面元音舌位唇形图和国际音标辅音表，包含全部的国际音标元音和肺部辅音。下面我们来描述一下 Almeida & Braun 系统对元音和辅音的定义。

3.3.1.1 元音定义

国际音标元音四边形如图 3-4 所示，其反映了元音的三个特征：舌位的前后、舌位的高低以及嘴唇的圆展。

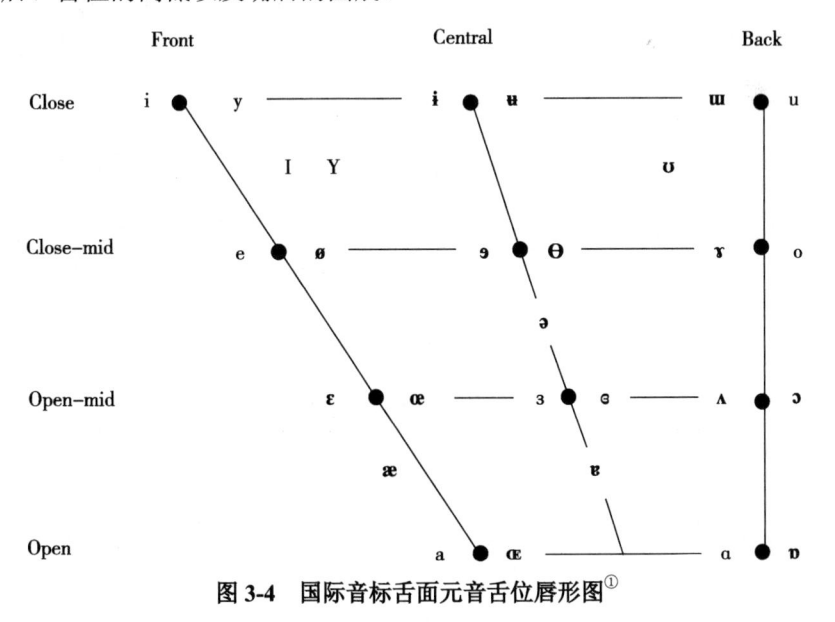

图 3-4 国际音标舌面元音舌位唇形图[①]

---

① 摘自国际语音学会网站 https://www.internationalphoneticassociation. org/（转下页）

Almeida & Braun 系统定义的元音特征值如表 3-8 所示。

表 3-8　元音特征值

advancement（前后）		height（高低）		rounded（圆展）	
front	1	close	1	no	0
central	2	near-close	2	yes	1
back	3	close-mid	3		
		central	4		
		open-mid	5		
		near-open	6		
		open	7		

3.3.1.2　辅音定义

国际音标辅音表见下图 3-5 所列，其反映了辅音的三个特征：发音位置、发音方法和清浊。

	Bilabial	Labiodental	Dental	Alveolar	Postalveolar	Retroflex	Palatal	Velar	Uvular	Pharyngeal	Glottal
Plosive	p b			t d		ʈ ɖ	c ɟ	k ɡ	q ɢ		ʔ
Nasal	m	ɱ		n		ɳ	ɲ	ŋ	ɴ		
Trill	ʙ			r					ʀ		
Tap or Flap				ɾ		ɽ					
Fricative	ɸ β	f v	θ ð	s z	ʃ ʒ	ʂ ʐ	ç ʝ	x ɣ	χ ʁ	ħ ʕ	h ɦ
Lateral fricative				ɬ ɮ							
Approximant		ʋ		ɹ		ɻ	j	ɰ			
Lateral approximant				l		ɭ	ʎ	ʟ			

图 3-5　国际音标辅音表[①]

Almeida & Braun 系统定义的辅音特征值如表 3-9 所示。

表 3-9　辅音特征值

place（发音位置）		manner（发音方法）		voice（清浊）	
bilabial	1	plosive	1	no	0
labiodental	2	nasal	2	yes	1

（接上页）sites/ default/files/IPA_Kiel_2015.pdf。

① 摘自国际语音学会网站 https://www.internationalphoneticassociation.org/sites/default/files/IPA_Kiel_2015.pdf。

续表

place（发音位置）		manner（发音方法）		voice（清浊）	
dental	3	trill	3		
alveolar	4	tap or flap	4		
postalveolar	5	fricative	5		
retroflex	6	lateral fricative	6		
palatal	7	approximant	7		
velar	8	lateral approximant	8		
uvular	9				
pharyngeal	10				
glottal	11				

3.3.2 元音及辅音间的距离

3.3.2.1 元音间距离

元音间距离计算的基础是图 3-4 的国际音标舌面元音舌位唇形图和表 3-8 的 Almeida & Braun 系统对元音特征值的定义。在舌面元音舌位唇形图中，[ɛ]与[ɜ]（前对央，其他特征相同），[ɛ]与[æ]（半开对次开，其他特征相同），[ɛ]与[œ]（不圆唇对圆唇，其他特征相同）之间的距离都看作是一步。所以，将对应特征值（见表3-8）相减，然后取绝对值，我们就可以得到他们之间的距离。在舌面元音舌位唇形图中，我们把[æ]和[ɐ]当作不圆唇处理，[ə]当作半圆唇处理（圆展特征取 0.5），[ʊ]当作圆唇处理。

本书利用二元向量来处理多值特征，并基于特征值的向量表示来计算两个特征束之间的距离。

（1）特征值的向量表示

在 Almeida & Braun 系统中，元辅音的定义采用的是多值特征。多值特征的缺点就是低值和高值可能会相互抵消。本书采用向量的方式来处理多值特征。

一般来说，特征向量表示的方式如下：某个特征有 n 个步长是 1 的整数，那么这个特征可以转换为n-1 个二进制值的向量。那么 Almeida & Braun 系统中舌位前后特征的二元向量表示可能如表 3-10 和表 3-11 所示。

表 3-10 的表示方式最有效。但是，我们选择表 3-11 的表示方式，其理念是：1 表示一个 1，2 表示两个 1，3 表示三个 1，以此类推。所以本书多值特征向量表示思想如下：只包含整数的某个特征值，它的最高值是 n，那么这个特征可以转换成一个包含 n 个二元特征的向量来表示。

表 3-10　向量表示方式一

	value1	value2
front	0	0
central	1	0
back	1	1

表 3-11　向量表示方式二

	value1	value2	value3
front	1	0	0
central	1	1	0
back	1	1	1

上文刚提到，多值特征的缺点就是低值和高值可能会相互抵销。举例来说明，假设某方言 D1 有一个前元音和一个后元音，另一方言 D2 有两个央元音，方言 D1 舌位前后特征的和是 1+3=4，而方言 D2 是 2+2=4。所以，当只考虑舌位前后特征的时候，我们会发现方言 D1 和 D2 是相同的，这是错误的。而当采用向量表示的时候，情况就不是这样了。我们采用上文最后提到向量表示方式，舌位前后特征的最高值是 3（front:1，central:2，back:3，见表 3-8），那么这个特征就可以用 3 个二元特征来表示，见表 3-11。现在方言 D1 和 D2 的对应向量特征之和如表 3-12 和表 3-13 所示。

表 3-12　D1 的向量特征之和

	v1	v2	v3
front	1	0	0
back	1	1	1
sum	2	1	1

表 3-13 D2 的向量特征之和

	v1	v2	v3
central	1	1	0
central	1	1	0
sum	2	2	0

现在我们利用方言 D1 和 D2 的对应向量特征之和来计算它们之间的绝对差异，如表 3-14 所示。

表 3-14 方言 D1 和 D2 的距离

	v1	v2	v3
方言 D1	2	1	1
方言 D2	2	2	0
绝对差异	0	1	1

方言 D1 和 D2 之间的距离取它们之间绝对差异的和，即 0+1+1=2。这个结果表明这两个方言是不同的。

（2）距离计算

基于特征值的向量表示，那么我们就能够计算元音间的距离了，即计算特征束对应特征间差异的和。经过计算，国际音标元音四边形中所有元音间距离如表 3-15 所示。

辅音间距离计算的基础是图 3-5 的国际音标辅音表和表 3-9 的 Almeida & Braun 系统对辅音特征值的定义。在辅音表中，z 与 ʃ（发音方法不同：擦音对闪音，其他特征相同），z 与 ʒ（发音位置不同：齿龈对后齿龈，其他特征相同），z 与 s（清浊：浊对清，其他特征相同）之间的距离都看作是一步。所以，将对应特征值（见表 3-9）相减，然后取绝对值，我们就可以得到他们之间的距离。

与元音间距离计算一样，本书利用二元向量来处理多值特征，并基于特征值的向量表示来计算两个特征束之间的距离。基于特征值的向量表示，那么我们就能够计算辅音间的距离了，即计算特征束对应特征间差异的和。经过计算，国际音标辅音表中所有辅音间距离如表 3-16 所示。[1]

---

[1] 由于表 3-16 过大，为完整呈现辅音间的距离，将该表附于书后。

3.4 基于 Almeida & Braun 调音系统的编辑距离算法改进

传统的编辑距离算法，对两个字符进行比较的时候，若是这两个字符相同，那么编辑代价是 0；若是两个字符不同，则编辑代价是 1。本书考虑引入语音相似的特点对编辑距离算法进行改进，也就是说，对两个音素进行比较的时候，根据两个音素音值的相似程度（本书已将其量化为距离，见上文第 3.3 节）返回一个数值，而不是非 0 即 1。

本书基于 Almeida & Braun 调音系统对编辑距离算法进行改进。具体做法是：基于 Almeida & Braun 调音系统得到元音间距离和辅音间距离（见上文第 3.3 节），距离越小，说明两个元音或两个辅音间相似性越大；表 3-15 和表 3-16 中的距离值是元音（或辅音）被替换成另一个元音（或辅音）需要的"代价"，若两个元音（或辅音）相同，则它们的"代价"为 0。

改进的编辑距离算法在传统的编辑距离算法的基础之上考虑了音值相似的因素，具体改进思路如下：

①编辑距离计算时，如果两个音不同（例如比较a和b），则编辑代价cost取相互间距离。传统编辑距离计算时把这个值定为1，现在分情况讨论，具体见②中阐述；

②如果a属于表3-15中元音之一，并且b属于表3-15中元音之一，则编辑代价cost取自表3-15；

如果a属于表3-16中辅音之一，并且b属于表3-16中辅音之一，则编辑代价cost取自表3-16；

如果a属于表3-15中元音之一，并且b属于表3-16中辅音之一，或者a属于表3-16中辅音之一，并且b属于表3-15中元音之一，则相似值为99（即元音跟辅音不进行比较，也就是说元音跟元音比，辅音跟辅音比）；

③如果不属于上述情况任何一个，则编辑代价 cost 还是取传统编辑距

离定的 1。

以上是编辑距离算法中对替换操作的改进,插入操作和删除操作的改进为:如果 a 属于表 3-15 中元音之一,则计算 a 与 ə 之间特征束对应特征间差异的值,以此值作为编辑代价 cost;如果 a 属于表 3-16 中辅音之一,则计算 a 与ʔ之间特征束对应特征间差异的值,以此值作为编辑代价 cost;如果 a 不属于表 3-15 和表 3-16,则编辑代价 cost 还是取传统编辑距离定的 1。

也就是说,3.2.2 节中的步骤 4 由:

a.左边单元格的值加 1(插入操作): d[i, j-1]+1。

b.正上方单元格的值加 1(删除操作): d[i-1, j]+1。

c.左上角对角线单元格的值加上 cost 的值(替换操作): d[i-1, j-1]+cost。

改进为:

a.左边单元格的值加 1(插入操作): d[i, j-1]+ weightcost(t[j])。

b.正上方单元格的值加 1(删除操作): d[i-1, j]+ weightcost(s[i])。

c.左上角对角线单元格的值加上 cost 的值(替换操作): d[i-1, j-1]+ weightcost(s[i], t[j])。

函数(weightcost)的计算思路见本节上面所述。

3.5 语言距离计算

序列比对,包括同一序列内不同片段之间的比较和多个不同序列间的比较在生物信息学研究中占有重要的地位。通常而言,在涉及两个对象之间的比较或匹配问题时,需要利用度量(或距离)的概念来衡量。例如,生物信息学研究中大量存在的序列或结构的相似性计算就需要考虑度量或距离的问题,对于需要比对的序列,可以根据字符串来构造距离函数。从生物学的角度来说,核酸和蛋白质序列对位的基础是假定对比的序列同源,但在各自的演化过程中产生了变异,经过变异积累形成了不同的序列。

从计算的角度来讲，如果将每个序列看作是有限字符集组成的字符串，那么变异就能够利用字符串的编辑（插入、删除、替换）操作来体现。序列比对问题便是利用适合的编辑操作去模拟分子进化过程中的突变现象，进而反映出它们之间的进化关系。编辑距离就是一个判定生物分子序列相似性的指标。于是，编辑距离在生物信息学上的应用可以借鉴到语言学研究中。

客观的语言距离的测量方法是基于语言本身的差异。Kessler 于 1995 年第一次将编辑距离作为测量爱尔兰方言间的语言距离。还有不少研究将编辑距离应用于测量西日尔曼语、斯堪的纳维亚语言等拼音语言。编辑距离在德国马普所已有实践，获得较好成果，被证明是研究西方语言之间的语言距离的有效方法。编辑距离即是字符串 A 变换为字符串 B 所需要的最少编辑数或最小代价。那么应用到语言学中，一个语言变体的一串语音表达可以相应地对应到另一个语言变体的一串语音表达。编辑距离可以发现一个语音变换为另一个语音所需要的最少编辑数或最小代价。我们假设这反映了语音差异的感知方式和语言演化过程中的变化现象。那么基于任何一个关系词的不同语言的语音表达间的编辑距离，即不同语言间的语言距离就可以被计算出来了。本书探索将编辑距离应用于汉语方言语音相似关系的研究中。

3.5.1 比较词表的选择

界定语言间同源词进而利用其得到语言关系分类的时候，有一个很关键的问题需要解决，即比较词项的选择。选择的词合不合理直接影响到我们语言比较的结果。因为词的性质不尽相同，并且比较词项又有数目上的要求，所以择词操作起来很是困难。这就涉及可供操作且符合实践比较目的的比较词表的选择问题。选择多少数量的关系词才较适合做语言相似关系的分类比较，这个问题很重要。

在东亚语言的历史研究过程中，同源词的确定问题一直是一个令学界费解的难题，很多学者花费了大量时间企图构建各种破解方法来鉴别同源词与借词，以达到能够判断语言相似关系的目的。江荻（2008）认为，"各种研究方法不同程度地深化和逼近了研究目标，但是，各种方法又都有局

第3章 编辑距离算法与改进

限性。……所以我们又回到了甄别同源词与借词的原点"[①]。另外，还有部分学者企图利用构造认为适合东亚语言比较的小规模核心词集的方法来简化研究问题，如美国学者马提索夫建立的东南亚语言的 200 词词表；黄布凡建立的 300 词的藏缅语核心词词表；郑张尚芳建立的华澳语言比较 300 词的词表；孙宏开、江荻提出的 200 词的汉藏语核心词表。[②]江荻（2008）认为"这些核心词集基本上都是经验性的，缺乏可信的选词理由和根据，同时，这些词集很少在实践中得到应用，难以判断实际应用效果"。以上学者们提出的词表都是模仿斯瓦迪士核心词集，期望寻找适合汉藏语言研究的核心词集。各位专家学者的研究基础不同，所采用的词汇标准大相径庭，得出的结论自然不同，主观性很强。

美国语言学家斯瓦迪士为了计算语言词汇所反映出的史前民族接触深度，在 20 世纪四五十年代提出了语言年代学观念及有关数学公式和计算方法，并创造了一个最具普遍性意义的 200 字的核心词列表（后经过修改另设 100 词表）。他所提出的词表得到印欧语等多种语言历史年代分化数据的间接验证，具有实践应用经验。很多学者从正面和侧面承认斯瓦迪士词表的合理性，如 Oswalt、Guy、Ringe、Kessler、Goh、Brown 等利用斯瓦迪士 100 词表对语言进行分类[③]。德国马普所的 ASJP 项目采用斯瓦迪士 100 词，后来又采用斯瓦迪士 100 词中的 40 词对语言进行自动分类（见本书第 2 章第 3 节的阐述）。王士元（1995）[④]利用斯瓦迪士 100 词表绘制了侗台语族的谱系树图。陈保亚（1996[⑤]，2006[⑥]）用斯瓦迪士第 100 核心词与第 200 核心词所

[①] 江荻：《基本层次范畴与核心词集构建》，《语言学论丛》（第三十八辑），商务印书馆 2008 年版。

[②] 孙宏开、江荻：《汉藏语系历史研究沿革》，载于《汉藏语同源词研究（一）：汉藏语研究的历史回顾》，广西民族出版社 2000 年版，第 1—115 页。

[③] Brown, C.H., E.W.Holman, S.Wichmann, and V.Velupillai, Automated classification of the World's languages: A description of the method and preliminary results, *STUF-Language Typology and Universals*, 2007, 61: 285-308.

[④] 王士元：《A quantitative study of Zhuang-Dong Languages》，《中国语言学论集》，内山书店 1995 年版，第 81—96 页。

[⑤] 陈保亚：《论语言接触与语言联盟》，语文出版社 1996 年版。

[⑥] 陈保亚：《从语言接触看历史比较语言学》，《北京大学学报》（哲学社会科学版）2006 年第 2 期。

占比例来考察语言或方言间的相似关系，经过他广泛应用实践，产生了词集分层次的高低阶概念，提出了关系词阶曲线判定法。关系词阶曲线判定法已取得了令人满意的成果，已可初步判定相关语言的关系。文章认为100词表比语音、语法系统更具有稳定性，不容易被借用。江荻（2008）利用基本层次范畴理论来建构核心词范畴和为核心词范畴选词，选词以斯瓦迪士的核心词为来源，观察选出的各词项进入范畴和满足基本层次范畴的隶属程度要求，通过增补删减词项，构建出修订后的斯瓦迪士核心词集。江荻（2011）利用词频统计法观察斯瓦迪士词表的分布特征及合理性和内在不足，然后提出借助词频来构建核心词表的方法[1]。邓晓华、王士元（2007）提到"斯瓦迪士的基本词汇表已成功适用于世界上的多种语言，例如'罗赛塔计划'"。"国内大多半语言学家认为汉藏语言具有特殊性，自建一套比较词表，忽视斯瓦迪士百词表的可比性、国际性以及可计量原则。"邓和王利用略有调整的斯瓦迪士100词（主体仍然是斯瓦迪士100核心词）分别对苗瑶语族、藏缅语族以及壮侗语族语言做了计量分类[2]。日本学者王育德1962年用斯瓦迪士200词表计算汉语方言北京话、广东话、苏州话、梅县话以及厦门话间的关系[3]。徐通锵先生在1991年将斯瓦迪士100核心词表应用到语言年代学的计算中，计算出了汉语方言北京话、苏州话、广州话、长沙话、南昌话、梅县话以及厦门话之间的同源百分比和分化年代[4]。梁敏利用斯瓦迪士200词表对仡佬语、普标语、拉基语、布央语等语言做了研究，他说："为了避免择词时的主观性，我们以斯瓦迪士的200多个基本词汇的词表作基础，从中剔除那些在我们对比的语言中没有的或用词组表示的词项，本文最后选定了200个词项作对比的基数（在某些语言中词项数也可能不足200个）。"[5]孙宏开采用斯瓦迪士100词表，以滚董话代表巴哼语，将苗瑶各语言或方言进行了互相

---

[1] 江荻：《核心词的确切含义及词频导向的构建方法》，《中文学术前沿》2011年第1期。
[2] 邓晓华、王士元：《壮侗语族语言的权理分类及其时间深度》，《中国语文》2007年第6期。
[3] 王育德：《中国五大方言分裂年代的语言年代学试探》，《语言学资料》1962年第8期。
[4] 徐通锵：《历史语言学》，商务印书馆1991年版，第6页。
[5] 梁敏：《仡央语群的系属问题》，《民族语文》1990年第6期。

比较[1]。毛宗武、李云兵用斯瓦迪士修正100词表和基本200词表，将炯奈语与苗瑶各语言或方言互相比较[2]。

汪锋、王士元（2006）比较了几种影响较大的基本词汇表——Dolgopolsky 15词、Yakhontov 35词和斯瓦迪士（Swadesh）100词，观察它们在汉语方言分区中的功效，发现根据斯瓦迪士100词得出的结果更可信，更适合于汉语方言的分类；以斯瓦迪士的基本词汇表为据，可以绘制出汉语方言的最佳谱系树图，适合用作汉语方言分类[3]。

斯瓦迪士核心词表是在印欧语言调查研究实验的基础之上，通过反复的实践应用而选择出来的，具有普遍性，相对稳定。这些词的借用率不高，词汇衰变率在有差异的亲属语言中基本上是相同的。利用100词表中同源词所占比例的高低来确定同源语言亲缘关系的远近比其他方法似乎更可靠、更有可信性。从核心对应语素的占比来绘制谱系树图更能除去语言借用上的干扰。两种同源语言比较时100词表中同源词数目越多，就说明它们之间的亲属关系越近。即便学者们对斯瓦迪士词表的适用性、实用性以及可用性持有争议，它在世界范围内的语言历史研究过程中也获得了广泛的使用。该词表对世界各地语言具有一定的普适性，被各界学者广泛用来比较语言/方言之间的亲属关系，至少是目前国际语言学界公认的做历史语言学比较的最佳优选词表，同时具有比较强的可操作性。目前国内外还没有学者提出更合理、更有说服力、实践性更强的核心词表，这本身也是一项十分困难的研究工作。正如徐丹教授所说"在语言学家没有提出其它更好的办法之前，这一词表仍被广泛应用，仍然不失为有用的工具"[4]。

本书计算的对象选用斯瓦迪士的100核心词。斯瓦迪士100核心词不是本书主观拟定的，因此具有反映研究目的的效度。

---

[1] 孙宏开、胡增益、黄行：《中国的语言》，商务印书馆2007年版，第6页。
[2] 毛宗武、李云兵：《炯奈语研究》，中央民族大学出版社2002年版，第3页。
[3] 汪锋、王士元：《基本词汇与语言演变》，《语言学论丛》（第三十三辑），商务印书馆2006年版。
[4] 徐丹：《研究语言的新视角：语言和基因的平行演变》，《当代语言学》2015年第2期。

3.5.2 计算过程

3.5.2.1 建立统一数据格式的斯瓦迪士 100 核心词语言表

本研究需要搜集和整理东亚—太平洋区域语言的斯瓦迪士 100 核心词及其国际音标。斯瓦迪士 100 核心词从前辈、同仁已有的调查成果基础上搜集和整理，前辈、同仁没有调查的语言点需要进行田野调查以便获取数据。

3.5.2.2 基于核心词语言表生成语言数据库

建立语言数据库，就是要把进行分析的语言材料转变为计算机可以直接进行计算的数据表示形式。依据东亚语言自身的语音特点对核心词制定规则，以便计算机能够按照东亚语言的特点进行自动处理。依据制定的规则将东亚—太平洋区域语言斯瓦迪士 100 核心词的国际音标输入计算机中储存起来，这样就建立了东亚—太平洋区域语言核心词数据库。

制定的语音预处理规则如下[①]：

i 鼻化符号

在鼻化元音后面添加"*"号，例如：ã, ũ, eĩ, ɯ̃，变为：a*, u*, ei*, ɯ*。这样，程序在处理时把其当作一个整体来对待。

ii 清化符号

在带清化符号的辅音（可能出现上面，也可能下面）后面添加"#"号，例如：n̥, ŋ̊, ŋ̥, N̥, ɲ̥, l̥，变为 n#, ŋ#, ŋ#, N#, ɲ#, l#。这样，程序在处理时把其当作一个整体来对待。

iii 紧音符号

在带紧音符号的元音后面添加"@"号，例如：元音 a̰, ḭ, ṵ，变为 a@, i@, u@。这样，程序在处理时把其当作一个整体来对待。

iv 成音节符号

在带成音节符号的辅音后面添加"！"号，例如：辅音 m̩, n̩, ŋ̍, l̩, z̩，变为 m!, n!, ŋ!, l!, z!。这样，程序在处理时把其当作一个整体来对待。

v 字符串

在二字符串后面添加"~"符号，在三字符串后面添加"$"。例如：

---

① 借鉴德国马普所 ASJP 项目，依据东亚语言自身的语音特点重新制定规则，以便后面的程序处理。

mph~a，有两个辅音 m 和 p^h；ntsh$a，有两个辅音 n 和 ts^h；Kh~wa 也是两个辅音 k^h 和 w。这样，程序在处理时把"~/$"符号前的两位或三位当作一个整体来对待。

字符串包括辅音串和元音串。辅音串和元音组合数量比较多，具体如表 3-17 所示。

表 3-17　需处理的复合元音和辅音串

二合复合元音	ıi ıu ıɔ uɛ ɯɯ ɯɤ ɣa yo yə au əø ɑɯ ɹu ɚ	ïi ɯɯ ıœ ɤɔ uo ɐu ɥa̠ yɣ yɛ ʌɐ əɯ ɑɔ ɣɯ œy	iy ïo iɑ uæ ʊu ʉ yi ɜʵa ɜʵy ɐɯ əy uɯ au œø	ıʏ ıʏ ıʌ ɞɔ uo yɛ ye ŷɔ ai ɐi ɣʏ ɑo əy	ie ıə ıʌɪ ɘɔ vo yø æʵɔ ei ɛi ɹɛ ɑo øy	ıɛ ıɵ ui ɔʌ ɔɔ ɥɛ æʏɛ ɛi ɨɛ ɔɔ ɔʏ	ɪɜ ıɑ uy ɔʌ ɔɯ ep ya ææ ʏɛ eu ɛu ɔu ae	ıœ uı ʊ ɒɑ ɒɔ ɒɔ yʌ Ei eɯ eɯ ɛɯ	iæ uʏ uʏ ɐɔ ɐɔ ɐu yæ oi ɛɯ ɑu ʌv	ia uø uø eɯ eɯ yu oi au Aʊ	iu ɐɛ mɯ yɯ ai æ ai æu ʌɤ
三合复合元音	iai iɛu iøy ɪəu iuə ɥɪə uɛu uoi uø	iæi iau iɹɯ ɪəɯ cuɔ vɑɪ uɛɯ ɹəɯ ɹən	iei iɐu iɹɯi ɣəɯ uei uæɯ uæɯ men yɛi	iɛi iaɯɯ uci ɯəi ɹəɯ uau uau ɥən yei	iɜi iou uci ɪɐɯ ɪəʰ uai uæʏ ɣəu yɛɯ	ioi ɹoi uəi vɣɛʰ ucu uau mən yow	ici cai cai ɡɪɐʰ ɣeʰ ɥyɪ ɛɯu yai	iɹi iao oai uɛi uɛi ucu yai	iʏi oɔi ci uae uou yøi	iui iæi iaɪ yai yai uow yau	ieu iαɪ iαʌ yai vie yɛʵ
二字符辅音组合	p^h ɕ^h r^h bɦ vɦ dʒ	t^h ç^h b^h dɦ zɦ tɕ	ʈ^h ʝ^h d^h ɖɦ ʒɦ dz	t̠^{h} m^h ɖ^h ɟɦ zɦ pf	c^h n^h ɟ^h ʄɦ zɦ	k^h ɲ^h g^h gɦ tθ	q^h ŋ^h g^h gɦ dð	f^h ɴ^h v^h ts	θ^h z^h dz	s^h ʒ^h tʂ	ʂ^h ʐ^h dʐ ʃ z^h tʃ
三字符辅音组合	phf dzɦ	tθ^h dzɦ	dð^h dʒɦ	ts^h dzɦ	dz^h	tʂ^h	dʐ^h	tʃ^h	dʒ^h	tɕ^h	dʑ^h dðɦ

3.5.2.3　计算词汇间距离

在建立起统一格式的计算机数据库文件之后，我们通过 Python 编制程序利用改进的编辑距离算法计算不同语言词汇之间的两两语音距离。词汇的语音对应的国际音标有了，元音辅音间距离有了，那么利用改进的编辑距离算法就可以得到词汇间的距离了。

对于任何一个语言对 L1 和 L2，首先对 L1 和 L2 中 N 个斯瓦迪士词的每一个词做计算，如果一个词对应的语音表达有多个，计算 RLD（改进的编辑距离，Refined Levenshtein Distance）值，然后对这些 RLD 值进行归一化处理，即每个 RLD 值除以语音串的最大长度值，记为 RLDN，取最小的 RLDN 值作为词汇间距离。那么，N 个斯瓦迪士词，L1 和 L2 的比较就会得到 N 个 RLDN 值，即词汇间距离。

3.5.2.4 计算语言间距离

一旦词汇间距离得到了，那么语言间距离就可以计算了。由于词汇相似度会受到词汇偶然相似的影响，例如音位列表的重叠或两种语言都含有的音位结构学偏好，我们需要调整每个 RLDN 值，调整方法是取 N（N-1）/2 个词对的 RLDN 值的平均值，记为 RLDND。语言对 L1 和 L2 的 RLDND 值也就是它们之间的距离，即语言 L1 和 L2 间距离。

那么，对于 N 个语言，两两语言对的 RLDND 值可以计算得到，从而会得到 N*N 对 RLDND 值，这些值会构成一个 N*N 的距离矩阵。矩阵的对角线是每一种语言跟自身的距离值，这些值都是 0，因此没什么意义，只有 N*（N-1）对值是有用的。而且，这个距离矩阵是对称的，也就是说，L1 语言和 L2 语言之间的距离等于 L2 语言和 L1 语言之间的距离。实际上，距离矩阵中只存储了一半的数据，即（N*（N-1））/2 个 RLDND 值。

3.6 语言距离分析

一旦语言间距离计算出来了，有了语言距离矩阵，那么就可以对语言进行分类了，语言分类结果反映语言之间的相似关系。本书采用聚类分析语言分类技术，它是随着计算机科学技术的发展而迅速发展并应用起来的一门边缘学科。聚类分析是用一定的数学模型，把相互接近的个体或小簇归并为较大的簇。聚类分析并最终合并为一个大簇，可以满足亲属语言语族、语支、语言、方言、次方言、土语等不同层次和目的的系属分类。聚类分析的结果是一个表示亲缘关系的系统树图，系统树图是一个分层次的树状结构，树的叶子节点是不同的语言。

下面简单说明下聚类分析方法。

随着计算机科学技术的不断发展，聚类分析的技术方法已经集成到计算机程序或软件中。生物学家研究开发的一些用于生物种系发生关系分类研究的计算机程序，对语言学家的有关研究工作很有帮助。因为生物学的种系发生分类与语言学的语言关系分类相类似，而科学研究的一个重要特征就是可以用计算公式来反复测量和验证研究对象。生物信息学中，按照各种类生物之间的亲属关系的远近程度，把各种类生物放置在含有分枝的树形状的图表上面，以此种方式来简单明了地表现各类生物的进化历程以及亲缘关系，由此生成的进化树，又称为"系统树"或者"系谱树"。

利用序列比对的方法生成的距离数据或者特征数据，给创建生物系发生树提供了依据。生物信息学上，生物系统发生树的构造方法有许多种，依据所处理的数据的类型，可以把树建构方法区分成两个大类：一种是根据距离数据的建构方法，另一种是根据离散特征数据的建构方法。根据距离数据的树建构方法，是基于全部分类单元间的进化距离数据，按照一定的原则以及数学算法建构生物系统发生树。属于这一类的方法有：类平均法（又称使用算术平均的不加权对群法，也就是 UPGMA 法）、邻接法（也就是 NJ 法）等。UPGMA 的基本假设为，各个分类群的进化速度一样。所以，从祖先节点分化的两个分类群至该祖先节点的分支的长度相同，树枝的长度值不跟进化距离成比例，只关心亲缘树的拓扑结构。UPGMA 方法在不同谱系之间的进化速度存在较大差别时，经常会得出不正确的拓扑结构（罗森林等，2015）[①]。邻接法是另一种快速的聚类分析方法，该方法是 Saitou 与 Nei 在 1987 年第一次提出，是生物信息学上最为常用的基于距离数据的聚类方法。在构建生物系统发生树时，该法不使用 UPGMA 法所做的基本

---

① 罗森林、潘丽敏、马俊编著：《生物信息处理技术与方法》，北京理工大学出版社 2015 年版，第 146—149 页。

假设。

　　Mega（英文全称为 Molecular Evolutionary Genetics Analysis）为生物信息学上用来建构和绘制生物种系进化树的计算机软件。Mega 软件的官方网站是由美国亚利桑那州立大学生命科学学院的 Sudhir Kumar 教授开发和维护的。Mega 是一款免费的进化树构建和绘制软件，它提供了全序列比对、部分序列比对、序列格式转换、数据修订、序列距离计算、系统树重建和可信度评估等功能，能够对 DNA（脱氧核糖核酸）序列、氨基酸序列、mRNA（核糖核酸转录的碱基）序列等进行系统发生分析。在建树方法上，Mega 提供了目前最经常使用的基于距离数据的 UPGMA 法和 NJ 法等，对所生成的进化树也可进行自举检查和标准误估计可靠性检查等，并提供聚类分析报告。Mega 软件不但可以分析本地序列文件，并且还可以在线网络搜索分析，也可以分析 NCBI（National Center for Biotechnology Information，即美国国立生物技术信息中心）数据库中的序列文件来重构进化树。该软件可以绘制出诸如矩形、圆形以及三角形等多种形状的系统进化树图。目前 Mega 的最新版本为 11.0，有 Windows、Mac 和 Linux 版本，其中 Windows 版本适用于 Windows95/98/NT/2000/XP/Vista/7/8/10 各种计算机系统。[①]

　　本书利用 Mega 软件中的邻接法构建语言间的树状图。Mega 生成的系统树是利用一个树形状结构图来表现语言之间的亲缘关系。树的叶节点表示分类单元，节点分成内节点与外节点两类。外节点表示语言，内节点表示语言之间的进化位置。节点间的连线表示语言间的进化关系。按照是否有根节点，系统发育树可以分为有根树和无根树。有根树中存在唯一的根节点，表示它是全部其他节点的共同祖先，共同祖先根节点下面的各个层节点表示了有根树的进化方向。有根树是具有方向的树，包含唯一的节点，将其作为树中所有语言的最近共同祖先。有根树不但表现出语言间的亲疏关系，并且还反映出了它们有共同的起源和进化方向。无根树相比有根树而言是没有方向的树，其线段的两个进化方向都是有可能发生的。无根树只是简单地说明语言群间的亲疏远近关系，而并不反映进化方向。

---

① 具体信息参见 Mega 软件的官方网站 http://www.megasoftware.net。

图 3-6 是利用 Mega 软件中的邻接法构建的汉语五种方言间的树状图。①

```
                    ┌──── Suzhou
                ┌───┤
            ┌───┤   └──── Wenzhou
            │   │
        ┌───┤   └──────── Guangzhou
        │   │
        │   │   ┌──────── Fuzhou
    ────┤   └───┤
        │       └──────── Xiamen
        │
        └──────────────── R English100 05
```

图 3-6　汉语五种方言的聚类分析结果

---

① 方言的命名及方言间距离的计算见本书第 4 章。

第4章 改进编辑距离算法的验证

本章用已知的印欧语 6 种语言和汉语 5 种方言分类案例对改进编辑距离算法进行验证。

4.1 印欧语

18 世纪 80 年代,英国东方学家琼斯(W.Jones)等专家学者发觉希腊语、拉丁语和梵语有亲密的关系,并相信它们具有共同的来源。到了 19 世纪初,欧洲的专家学者们开始了印欧语的历史比较研究,并且提出了"印欧语系"的想法。两个世纪以来,尽管印欧语亲属关系的研究中发现或提出的一些局部问题没有获得令人信赖的解释,但仍然取得了巨大的历史成就,并因此创立了历史语言学这门学科。

4.1.1 印欧语的分类

古印欧语为公元前 3500 年到公元前 2500 年的语言。印欧诸语言一般分为 K 类语群与 S 类语群两组。这是依据印欧诸语言"一百"的首辅音的读法进行区分的。K 类语群有罗曼语族、凯尔特语族、日耳曼语族、吐火罗语族、希腊语族以及安纳托利亚语族语言、阿尔巴尼亚语与亚美尼亚语。S 类语群有斯拉夫语族、波罗的语族以及印度—伊朗语族。[①]

[①] 本节叙述参考自《语言学史概要》(岑麒祥,世界图书出版公司北京公司 2006 年版)和《西方语言学史》(姚小平,外语教学与研究出版社 2011 年版)。

第4章 改进编辑距离算法的验证

（1）日耳曼语族

公元前 250 年到公元 250 年，日耳曼人的部落散布在欧洲的莱茵河、易北河以及北海这些地方。古日耳曼语分为西支、北支以及东支这三个支系。西支系的语言逐步演变成为今天的德语、荷兰语与英语，北支系的语言逐步演变成为今天的瑞典语、挪威语、丹麦语与冰岛语。东支系的哥特语大概在公元 3 世纪时由维斯杜拉向黑海一带传播，演变为勃艮地语与汪达语。哥特语与北欧语言的碑铭是所知道的最久的古日耳曼语文献资料。属于日耳曼语族的主要语言如下：

西部语支：英语、德语、荷兰语、低地德语、弗莱米西语、佛里斯语。

北部语支：丹麦语、瑞典语、冰岛语、挪威语、费罗语。

东部语支：哥特语等（现都已消亡）。

（2）罗曼语族

罗曼语族的语言主要有西班牙语、法语、拉丁语、葡萄牙语、意大利语、罗马尼亚语、卡塔兰语、摩尔达维亚语和普罗旺斯语，等等。

古拉丁语早先为意大利半岛中部地区西海岸一带的拉丁部族所使用的语言。因为古罗马强大，所以罗马人使用的古拉丁语在当时同时存在的方言中占据了主导地位，到了公元前 5 世纪成了罗马共和国官方语言。从那时起至公元 5 世纪的一千年中，随着罗马共和国势力的逐步扩张，拉丁语广泛传播，公元 5 世纪西罗马帝国灭亡，此后的一千年中，中古拉丁语作为教会使用的语言在欧洲各地产生了十分大的影响。中古拉丁语便成了教会统治下的行政、宗教以及文化方面主要使用的语言。各个地方的通俗拉丁语逐渐演变成为有差异的甚至于不同的方言，成为今天人们所使用的西班牙语、法语、葡萄牙语、罗马尼亚语、意大利语、卡塔兰语及普罗旺斯语等诸语言。

（3）凯尔特语族

凯尔特语曾经为欧洲大陆地区所使用的非常重要的语言，纪元初年散布于西班牙、意大利北部、高卢以及不列颠等一些国家或地区，划分为海岛凯尔特语与大陆凯尔特语。其中，海岛凯尔特语分为盖尔语组与不立吞语组。盖尔语组有苏格兰盖尔语、爱尔兰语与马恩语等，不立吞语组有科尼什语、威尔士语以及布列塔尼语等。古高卢语是大陆凯尔特语，在公元5世纪的时候消失了。属于凯尔特语族的主要语言如下：

  大陆凯尔特语：古高卢语。

  海岛凯尔特语：盖尔语组：爱尔兰语、苏格兰盖尔语、马恩语。

        不立吞语组：科尼什语、威尔士语、布列塔尼语。

（4）希腊语族

希腊语族中唯一的传于世上的语言为希腊语。公元前2000年，古希腊人由巴尔干半岛来到希腊本土以及爱琴海岛屿，由于种种原因就形成了许多不同的部落，不同部落说的话都有差异，因而形成不同部落的方言。在这些部落所说的方言中，主要的方言有四种：爱奥利方言，阿尔卡低亚—塞浦路斯方言，伊奥尼—阿提卡方言以及西希腊语—多里亚方言。后来人们所说的希腊语是由部落方言中的伊奥尼—阿提卡方言逐渐演变而来的。

（5）印度—伊朗语族

印度—伊朗语族分为印度（又称作印度—雅利安语支）与伊朗两个语支。

印度语支的主要语言包括孟加拉语、印地语、奥里亚语、乌尔都语、旁遮普语、古吉拉特语、马拉提语、比哈尔语以及拉贾斯坦语。伊朗语支的主要语言包括普什图语和波斯语。印度语支语言在最初阶段的时候是吠陀语，后续为史诗梵语与古典梵语，稍微晚些的时候是它们的俚语（比方巴利语等）。伊朗语支早期的语言有古代波斯语，公元3世纪到10世纪时期的语言有安息语、大夏语、中世波斯语、粟特语、花剌子模语等，现代的语言有波斯语、库德语、普什图语。属于印度—伊朗语族的语言主要有：

印度语支：孟加拉语、印地语、奥里亚语、乌尔都语、旁遮普语、马拉提语。

伊朗语支：波斯语、普什图语、库德语。

（6）波罗的语族

波罗的语族区分为东支与西支语言。东支的语言包括立陶宛语、拉脱维亚语以及已经消亡了的库罗尼亚语、塞洛尼亚语与塞米加里亚语。西支语言的古普鲁士语在公元17世纪时已经消亡。

第4章 改进编辑距离算法的验证

（7）斯拉夫语族

古斯拉夫语即"教堂斯拉夫语"的历史资料是最能够证明古代斯拉夫语言状态的材料。在公元9世纪时，基利耳和美福低曾经将福音书与其他宗教祈祷文翻译成古斯拉夫语。虽然当时他们用南部斯拉夫语支的一个方言——马其顿语索龙方言作为译文的基础，但是在斯拉夫各部落和部族分布的整个区域内，都能读懂这些史料上的古斯拉夫语，因为这些部落和部族的方言差别在那个时候非常小。斯拉夫语族区分为东部、南部以及西部三个语支。东部语支的语言包括俄语、白俄罗斯语与乌克兰语，南部语支的语言包括保加利亚语、斯洛文尼亚语、马其顿语与塞尔维亚—克罗地亚语，西部语支的语言包括捷克语、波兰语、斯洛伐克语、卢萨提亚语。东部语支的诸种语言来自于公元14世纪以前的共同东斯拉夫语。属于斯拉夫语族的语言主要有：

东部语支：俄语、白俄罗斯语、乌克兰语。

南部语支：保加利亚语、斯洛文尼亚语、马其顿语、塞尔维亚—克罗地亚语。

西部语支：捷克语、波兰语、斯洛伐克语、卢萨提亚语。

（8）亚美尼亚语和阿尔巴尼亚语

亚美尼亚语又称为阿尔明尼亚语，在印欧语系诸语言中为独立的语言，公元17世纪后演化为东部方言与西部方言。

阿尔巴尼亚语在印欧语系诸语言中也是独立的语言，来自于古伊利里亚语。

（9）安纳托利亚语族与吐火罗语族

安纳托利亚语族的语言有赫梯语与卢维语，现都已消亡，原来它们分布在现今土耳其的阿纳多卢地区。公元前14世纪的象形文字是赫梯语最早的文献[1]。

吐火罗语族语言有焉耆语（又叫东吐火罗语）与龟兹语（又叫西吐火罗语），现都已消亡。吐鲁番和焉耆找到了焉耆语的文献；库车一带找到

---

[1] 江荻：《20世纪的历史语言学》，《中国社会科学》2000年第4期。

了龟兹语的文献,文献使用了中亚婆罗米斜体字母书写。

4.1.2 印欧语的谱系图

1859年,达尔文出版了一本书,名为《物种起源》,这本书在科学发展史上有着深远影响。他利用比较的方法去研究物种变异,认为:不同植物或动物内部结构的一致性、器官的同源性,显示了它们具有起源上的共同性;不同动物的胚胎在早期发育过程中所表现出来的相似性意味着它们拥有共同的祖先;不同年代地层中存在的由简到繁的化石类型及动植物随地理分布所表现出来的连续变化更是生物进化的不可辩驳的证据。达尔文后来在他的回忆录中提起这一生物进化思想时又谈道:"同一根源产生的生物体,它们的性状会跟着它们发生的变异而存在分歧的趋向。"[①]这种生物进化思想对后来语言的分类研究产生了重大影响,语言学家们打算用生物进化的模式去研究语言的发展。这其中最有名的代表要算是施莱格尔(August Schleicher)。1863年,他出版了名为《达尔文理论和语言学》一书,书中认为语言是一种自然的有机体,就跟生物似的,根据一定的规律成长、发展到最后衰老以及死亡。语言是一种自然的有机体,这就是施莱格尔的著名观点。他根据上述认识,认为语言科学研究是人的自然历史研究的一部分,其研究方法基本上也跟自然科学相同,很重要的一个任务就是描写从同一个语言分化出来的各个语言的分类,并且依据自然体系给这些分了类的语言进行排列。他依据上述设想去研究语言的发展过程,并勾勒出语言之间的互相关系,认为语言就像物种的种族那样繁衍与生长,因而提出了著名的语言谱系树理论,他想用达尔文描写生物进化的方法去描述语言的进化。

图4-1是施莱格尔描绘的印欧语系谱系树的树状图。根据他的研究,印欧语系最早是原始印欧语,这像是树状图的树干;从树干分化出两支,一支为斯拉夫—日耳曼语支,一支为雅利安—希腊—意大利—凯尔特语支,从这两个语支再分别分化出日耳曼语、立陶宛语、斯拉夫语、意大利语、凯尔

[①] 徐通锵:《历史语言学》,商务印书馆1991年版,第12页。

特、亚美尼亚语、希腊语、伊朗语以及印度语等语言。施莱格尔提出的谱系树模式已经被后来的研究者广泛使用，能够大致上认识语言的分化过程。

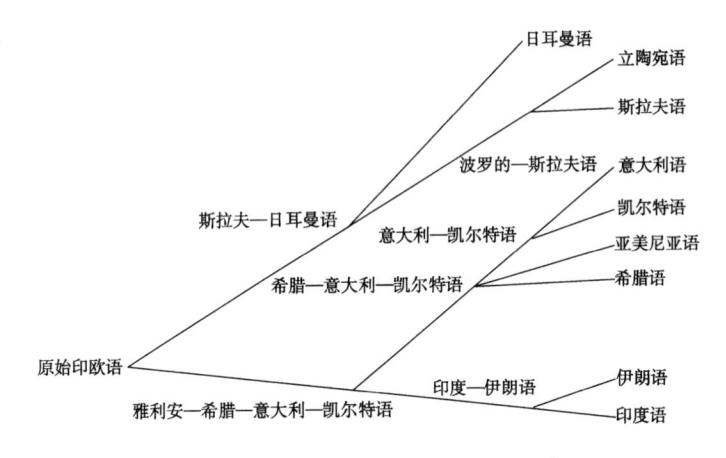

图 4-1 施莱格尔的印欧语系谱系树[①]

需要说明的是，施莱格尔是第一个明确提出亲属语言谱系分类的研究者，同时也是最早提倡利用自然科学的方法来研究语言的学者[②]。

另外，Campbell 给出的印欧语谱系图见图 4-2。

4.1.3 改进编辑距离的语言分类结果

本节采用改进编辑距离算法对印欧语 6 种语言进行编辑距离计算，计算对象为 6 种语言的斯瓦迪士 100 核心词，并以壮语作为外群[③]来生成语言关系树状图。为方便观察，此处列出 7 种语言代码及编号，分别是：俄语—S_Russian100_01，保加利亚语—S_Bulgarian100_02，意大利语—L_Italian100_03，法语—L_French100_04，英语—R_English100_05，荷兰语—R_Dutch100_06，壮语—Zhuang。

---

① [丹麦]裴特生（Holger Pedersen）：《十九世纪欧洲语言学史》（*Linguistic Science in the Nineteenth Century: Methods and Results*，[美]John Webster Spargo 译），世界图书出版公司北京公司 2010 年版，第 311 页。

② 中国大百科全书总编辑委员会《语言文字》编辑委员会：《中国大百科全书（语言文字卷）》，中国大百科全书出版社 1988 年版，第 2 页。

③ 外群是生物信息学上的术语，其作用见下章叙述。

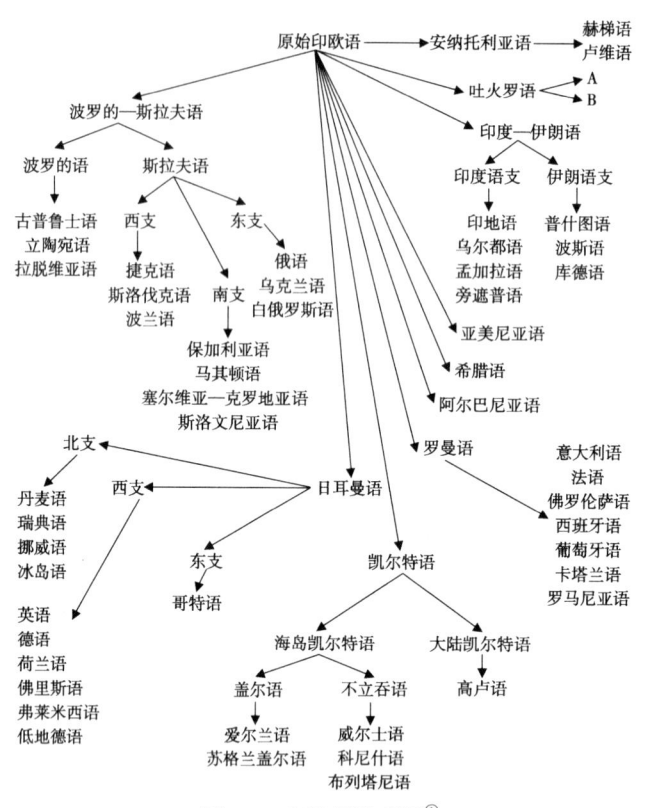

```
                              原始印欧语 ─────→ 安纳托利亚语 ─────→ 赫梯语
                                  │                              卢维语
                                  │
            ┌─────────────────────┼──────────→ 吐火罗语 → A
            │                     │                      B
        波罗的—斯拉夫语              │
        ┌────┴────┐                ├──────────→ 印度—伊朗语
     波罗的语  斯拉夫语                              ┌──┴──┐
       │    ┌───┼───┐                          印度语支  伊朗语支
     古普鲁士语 西支 东支                           印地语   普什图语
     立陶宛语  │    │                           乌尔都语  波斯语
     拉脱维亚语 捷克语 俄语                         孟加拉语  库德语
            斯洛伐克语 乌克兰语                      旁遮普语
            波兰语   白俄罗斯语
            南支                            ├──────────→ 亚美尼亚语
            保加利亚语                        ├──────────→ 希腊语
            马其顿语                         ├──────────→ 阿尔巴尼亚语
            塞尔维亚—克罗地亚语
            斯洛文尼亚语                     ├──────────→ 罗曼语 ─── 意大利语
                                                               法语
       北支  西支        日耳曼语                                   佛罗伦萨语
       丹麦语 │         ┌──┴──┐                                 西班牙语
       瑞典语 │        东支   凯尔特语                              葡萄牙语
       挪威语 │        哥特语   ┌──┴──┐                           卡塔兰语
       冰岛语 │             海岛凯尔特语 大陆凯尔特语                 罗马尼亚语
                           ┌──┴──┐      高卢语
       英语              盖尔语  不立吞语
       德语               │      │
       荷兰语           爱尔兰语  威尔士语
       佛里斯语         苏格兰盖尔语 科尼什语
       弗莱米西语                布列塔尼语
       低地德语
```

图 4-2 印欧语谱系图[①]

表 4-1 是印欧语 6 种语言之间的编辑距离（百分比表示）。

表 4-1 印欧语 6 种语言之间的编辑距离

	1	2	3	4	5	6
1. R_Dutch100_06						
2. S_Russian100_01	0.970					
3. R_English100_05	0.693	0.949				
4. Zhuang	0.998	0.985	0.996			
5. S_Bulgarian100_02	0.938	0.689	0.958	1.000		
6. L_Italian100_03	0.975	0.952	0.958	0.988	0.929	
7. L_French100_04	0.998	0.980	0.963	1.002	0.947	0.862

---

① [美]Lyle Campbell：《历史语言学导论》（第 2 版）（*Historical Linguistics: an introduction-2nd edition*），世界图书出版公司北京公司 2008 年版，第 211 页。

基于表 4-1 的距离数据，利用 Mega 软件中的邻接法构建的语言关系树状图如图 4-3 所示。

```
                            ┌── R Dutch100 06
                    ┌───────┤
            ┌───────┤       └── R English100 05
            │       │
            │       │       ┌── S Russian100 01
    ────────┤       └───────┤
            │               └── S Bulgarian100 02
            │
            │               ┌── L Italian100 03
            ├───────────────┤
            │               └── L French100 04
            │
            └────────────────── Zhuang
            ├──────┤
               0.1
```

图 4-3　印欧语 6 种语言关系树状图

由图 4-3 可知，荷兰语和英语聚类在一组，俄语和保加利亚语聚类在一组，意大利语和法语聚类在一组。根据历史语言学的分类，我们知道，荷兰语和英语归属于日耳曼语族，俄语和保加利亚语归属于斯拉夫语族，意大利语和法语归属于罗曼语族，改进编辑距离的语言分类结果与历史语言学的分类结果是完全一致的。而且，从图 4-3 中，我们还可以发现，相比罗曼语族，日耳曼语族和斯拉夫语族的关系更近，它们再聚类为一个更大的组，这与施莱格尔的印欧语言发展谱系树中的"斯拉夫—日耳曼语"（见图 4-1）完全一致。

由上述分析可知，图 4-3 的分类结果与施莱格尔的印欧语言发展谱系树完全一致，说明改进编辑距离算法是可行的，其语言分类结果是可信的。

4.2　汉语方言

汉语的方言有悠久的历史。汉语方言有共性也有个性。汉语各大方言都是从古汉语发展而来的，它们是亲属方言，有共同的词汇、共同的语法结构和语法手段，它们的语音系统有共同的历史来源，其现代形式相互间存在对应规律。本部分用已知的广州、苏州、温州、福州、厦门五个方言点的分类对改进的编辑距离算法的分类的合理性进行验证。

4.2.1 五方言点简介

4.2.1.1 广州方言

广州话是粤方言的"标准语"，也叫广府话或省城话。这里所说的广州话指的是广州城里话。

广州市简称穗，别称羊城。坐标介于东经112°57′至114°3′，北纬22°26′至23°56′，位于广东省中南部，珠江三角洲北端，西江、北江、东江三江交汇处，直临南海，是一个背山面海的城市，也是华南最大城市。作为广东省的省会，广州是全省的政治、经济、科技、文化、教育和交通中心。广州属南亚热带季风海洋气候，北回归线通过从化南部，无霜期长，气候温和，雨量充沛，四季常青，蔬菜、水果、花卉以质优、品种多样著称，故享有"花城"的美誉。全市总面积为7434.40平方千米。

广州方言的语音特点如下：

（1）依发音部位说，北京话有三套塞擦音及与其相配的擦音声母：[ts tsʰ s|tʂ tʂʰ s|tɕ tɕʰ ɕ]。广州话只有一套[tʃ tʃʰ ʃ]。例如："资知趾"的声母都是[tʃ]；"雌痴妻"的声母都是[tʃʰ]；"思诗西"的声母都是[ʃ]。

（2）广州话有一套略带圆唇性的声母[kʷ kʰʷ w]。另外还有一个[j]声母。

（3）广州话的韵母中，[œ]系列韵母较其他片的粤语为独特，[œy]在其他粤语区多读[u]、[i]或[y]；广州话的[œn œt]韵母在其他粤语区多读[ɐn ɐt]。

（4）含[a]的韵母与含[ɐ]的对立，各有一系列韵母。[ɐ]不能单独成为韵母。

（5）广州话的[eŋ ek]系列韵母和[ɛŋ ɛk]系列韵母来自古梗摄三四等，读[eŋ ek]韵母的多为文读音，读[ɛŋ ɛk]韵母的多为白读音。如领导[leŋ¹³ tou²²]和衫领[ʃam⁵⁵ lɛŋ¹³]中的"领"韵母不同。又如可惜[hɔ³⁵ ʃek⁵⁵]和惜钱[ʃɛk³³ tʃʰin²¹⁻³⁵]中的"惜"前母不同。

(6）广州话有两个自成音节的辅音韵母[m̩]、[ŋ̍]，例如：唔[m̩²¹]、吴[ŋ̍²¹]、午[ŋ̍¹³]、悟[ŋ̍²²]。

（7）辅音韵尾发达，鼻音韵尾与塞音韵尾相配整齐。例如：[am/ap]、[an/at]、[aŋ/ak]。元音韵尾的[y]尾较独特，其他粤语地区少见。

（8）广州话声调较多，共有 9 个。阴调（来自古清音）和阳调（来自古浊音）相配整齐。平、上、去声分阴调和阳调。入声分为 3 个，上阴入、下阴入和阳入。阴入的分化是按照韵母主要元音的长短来分的，长元音配下阴入，短元音配上阴入。例如：八[pat³³]和笔[pɐt⁵⁵]，答[tap³³]和耷[tɐp⁵⁵]，客[hak³³]和黑[hɐk⁵⁵]。但也有少数例外，如蛤[kɐp³³]、捉[tʃok³³]。元音分长短，长音符号一般略去不记。

（9）广州话的连读变调不发达，只有一种明显的连读变调类型，即 53 调在 53 或 55 调之前变成 55 调。

（10）广州话变音较为复杂。广州话通常只有两个变音（都是低调变高调），高升变音 35 和高平变音 55。前者与阴上调相同，后者与阴平调其中一种读法相同。变音有几种情况，最常见的是习惯性临时变音，并不改变词义。另一种变音同时改变词义（由原来词义衍生出来的）。有的变音可以改变词性。一般来说，名词倾向于变音，单用或处于词尾的位置时多读为变音，处于一个词的前头倾向于或中间（非末尾位置）时多读本调，地名的末字也常常读变音。另外尚有一些起语法作用的变音，我们称之为省略性变音。

4.2.1.2　苏州方言

苏州方言是吴语的代表方言，具有吴语的典型特点，同时，也有自身特有的特点。这里所说的苏州方言，以苏州城区为标准。

苏州地处江苏省南部，位于东经 119°55′至 121°20′，北纬 30°47′至 32°02′。苏州西滨三万六千顷的太湖，北望一万二千里的长江，锦绣大地，鱼米之乡，与杭州并称为人间天堂。

苏州东面是昆山，西面是无锡，南面是吴江，北面是常熟。苏州话与周围方言都有吴语的共性：古全浊声母今读带音声母，有 2 个入声，声调是 7 个或 8 个。苏州话语音特点如下：

（1）古全浊声母虽然在音值上已有一定程度的清化，但在音类上仍保留独立的声类，不并入古清声母。如古端、透、定三母字，无论平仄，在苏州话都是[t]、[tʰ]、[d]。

（2）单元音韵母较多，没有前响复合元音韵母，即没有元音韵尾。如"海"[hE⁵¹]。

（3）古果摄一等与遇摄一等不分。如：罗=卢，河=湖。

（4）普通话[ao]韵母苏州读[æ]，"八"的主要元音是[o]。这两个特点几乎仅见于苏州。

（5）连续变调数量多，进入词语或句子的每一个字的声调都要变。其连调类型属前变型。整个字组怎么变，主要由前字的调类决定；变调后的调型往往是前字单字调调型的延伸，后字则失去原有调值，被包容在整个字组声调中。

苏州话单元音韵母发达，有[ɿʅiyɪYEøæɑou]13个之多，其中只有[ɑou]是后元音，其余10个都是前元音。元音偏前，是苏州话一大特征，尤其是出现频率很高的[æɤ]，外地人常常把这两个韵母当作苏州话的标志。例如"刀、州"两字苏州话的韵母是[æɤ]，比北京话和邻近方言的元音都靠前。这两字各地都是阴平。

	苏州（吴）	北京（官话）	上海（吴）	无锡（吴）	常熟（吴）	吴江（吴）	昆山（吴）
刀	tæ	tau	tɔ	tʌ	tʌ	ta	tʌ
州	tsɤ	tʂou	tsɤ	tɕiɯ	tsiɯ	tsiɯ	tsɤ

4.2.1.3 温州方言

温州方言属吴语瓯江片。温州方言在瓯江片是优势方言，可以通行无阻。"广义的温州话"相当于瓯江片吴语。这里所说的温州方言是指"狭义的温州话"，即浙江省温州市市区居民日常使用的方言。

温州市在浙江省东南部瓯江下游南岸，地处东经119°37′至121°18′，北纬27°03′至28°36′。依山傍海，冬暖夏凉，2013年平均气温为18℃，7月至9月多台风，属中亚热带湿润气候区，瓯江以南的东半部还具有南亚热带气候的某些特征，动植物资源丰富。

温州方言的语音特点如下：

（1）古全浊声母今读浊音浊流，不像太湖片吴语读清音浊流。

（2）古效摄一二等字今音不同韵。例如：宝 pə³⁵≠饱 puɔ³⁵。

（3）古东钟两韵今音有别，例如：重-复 dzyɔ³¹≠虫 dzyoŋ³¹。

（4）古山咸宕江四摄舒声字今音鼻韵尾脱落，读口音。例如：山 sa³³|三 sa³³|糖 duɔ³¹|讲 kuɔ³⁵。

（5）古深摄和臻摄（开口）今读[aŋ]或[iaŋ]，例如：心 saŋ³³|阴 iaŋ³³|真 tsaŋ³³|斤 tɕiaŋ³³。

（6）古流摄侯韵（端系、见系）、尤韵（庄组、见系）读[au]；幽韵（见系）读[iau]。例如：偷 tʰau³³|狗 kau³⁵|愁 zau³¹|牛 ŋau³¹|幼 iau³³。

（7）古遇摄、蟹摄、止摄（合口三等）的喻母字今声母读[v]，韵母读[u]。例如：雨 vu²⁴|卫 vu¹¹|围 vu³¹。

（8）宕摄开口三等（知组和章组）读细音，不读洪音。例如：张 tɕi³³|丈 dzi²⁴|商 ɕi³³|尝 ji³¹。

（9）声调保持古四声格局，清浊各分四声，单字调有 8 个，阳上不归阳去。古入声今自成调类，但单字调不带喉塞尾，而读长调，例如：国 kai³¹³|白 ba²¹²。

4.2.1.4 福州方言

福州方言是闽语里闽东方言的代表，属于闽东方言南片侯官片。这里所说的福州方言是指福州市区、郊区及环绕四周的闽侯县所使用的方言。

福州市地处福建省东部、闽江下游，位于东经 118°08′至 120°31′，北纬 25°15′至 26°39′。市境西北负山，东南濒海，陆地四周为闽侯县所环绕。福州是福建省省会，全省政治、经济、文化、交通的中心。省、市人民政府驻市区。福州市东临台湾海峡，西倚三明、南平地区，南连莆田市，北接宁德地区。全市总面积 11968 平方千米。

福州方言的语音特点如下：

（1）古全浊声母字今读塞音塞擦音时，不送气的略多，也有送气的，古四声都如此。例如：肥 puoi⁵³|浮 pʰu⁵³|婆 po⁵³|拌 puaŋ²⁴²|伴 pʰuaŋ²⁴²|堂 touŋ⁵³|糖 tʰouŋ⁵³|毒 tøy⁵|读 tʰøy⁵|截 tsɛi⁵|贼 tsʰɛi⁵。

（2）古非组字今白读是[p pʰ m]声母，古知组字今白读是[t tʰ]声母。例如：飞 puoi⁵⁵|麸 pʰuo⁵⁵|肥 puoi⁵³|问 muoŋ²¹²|猪 ty⁵⁵|抽 tʰieu⁵⁵|绸 tieu⁵⁵|锤 tʰuoi⁵³。

（3）部分古匣母字今白读是[k]或[ø]声母。例如：猴 kau⁵³|厚 kau²⁴²|咸 kɛiŋ⁵³|寒 kaŋ⁵³|汗 kaŋ²⁴²|滑 kouʔ⁵|河 o⁵³|鞋 ɛ⁵³|活 uaʔ⁵|后 au²⁴²|闲 ɛiŋ⁵³|换 uaŋ²⁴²。

（4）只有一个鼻音韵尾[ŋ]，没有[m n]韵尾，也没有鼻化韵。例如：三=山=生 saŋ⁵⁵|心=新=升=星 siŋ⁵⁵|跟=恭 kyŋ⁵⁵|村=仓 tsʰouŋ⁵⁵。

（5）部分古从母字今读清擦音声母。例如：坐 sɔy²⁴²|前 sɛiŋ⁵³|晴 saŋ⁵³|昨 soʔ⁵。

（6）韵母随着声调而变，有紧音松音之分。

（7）部分古全浊和次浊声母去声字今读阴去调。例如：树 tsʰieu²¹²|鼻鼻子 pʰɛi²¹²|睡 suɔi²¹²|寿菩萨生日 sau²¹²|缝缝隙 pʰouŋ²¹²|盐腌 siɛŋ²¹²|骂 ma²¹²|露 lou²¹²|艾 ŋiɛ²¹²|妹 muɔi²¹²|利利息 lɛi²¹²|饵 nɛi²¹²|面脸 mɛiŋ²¹²|润潮湿 nouŋ²¹²|问 muoŋ²¹²|梦 mɔyŋ²¹²。

（8）连续音变丰富而复杂，往往声韵调同时发生变化，外地人听起来像是含糊的一串音，无法区分音节。例如"饭店主餐馆的主人"，单字音是 puoŋ²⁴²、taiŋ²¹²、tsuo³³，连着说是 puoŋ²¹ nɛiŋ⁵³ ʒuo³³；再如"文化宫"，单字音是 uŋ⁵³、hua²¹²、køyŋ⁵⁵，连着说是 uŋ²¹ ŋua⁵⁵ øyŋ⁵⁵。

4.2.1.5 厦门方言

厦门方言是闽南方言片厦漳泉小片的代表方言，属于闽语闽南方言片里厦漳泉小片。这里所说的厦门方言指的是老市区思明区所通行的方言。

厦门市位于东经 117°52′至 118°26′，北纬 24°23′至 24°54′之间，在福建省东南部，南接漳州，北邻泉州，东南与大小金门和大担岛隔海相望。由厦门岛、离岛鼓浪屿、西岸海沧半岛、北岸集美半岛、东岸翔安半岛、大小嶝岛、内陆同安、九龙江等组成，陆地面积 1573.16 平方千米，海域面积 390 平方千米。厦门市主体厦门岛，面积 141.09 平方千米。中心位置在东经 118°08′，北纬 24°29′。厦门岛地势由南向北倾斜，南部多山，西北部较平坦，云顶岩矗立在岛的东南部，最高点海拔 339.6 米。岛西北、西南角和东北角分别建有海堤、集美大桥、厦门大桥、杏林大桥和海沧大桥，使厦门岛与集美、杏林、海沧、翔安等陆地连接。

厦门方言的语音特点如下：

第4章 改进编辑距离算法的验证

（1）厦门方言实际口语中存在的音节多达 2249 个。在汉语诸方言中属于音节数最多的一类。其音节结构的特点是：

①厦门方言韵腹主要元音为[a、ɐ、e、ɛ、i、ɔ、u、y、œ]；韵头（介音）有[-i、-u]，韵尾有[-i、-u、-m、-n、-ŋ、-p、-t、-k、-h（-ʔ）]。

②韵母可由一个或两个元音构成，也可以由一个元音分别跟辅音韵尾[-m、-n、-ŋ]或塞辅音韵尾[-p、-t、-k、-ʔ]构成，还可以由[m̩、ŋ̍]构成。

③[m、n、l、ŋ]次浊声母构成的音节除有上声音节外，较少见于阴平、阴去和阴入调类。

④入声调只与带[-p、-t、-k、-ʔ]韵尾的韵母相配，不与其他韵母相配。

（2）厦门方言字音保留较多的古音特征。例如：声调用数字表示："1"阴平，"2"阳平，"3"上声，"5"阴去，"6"阳去，"7"阴入，"8"阳入。"4"为泉州音的阳去调符号（以下同）。

①古非敷奉母字今白读音（说话音）多读[p、p^h]声母，如：飞 pe^1|饭 $pŋ^6$|芳 $p^haŋ^1$|佛 put^8。

②古知澈澄母字，多读[t、t^h]声母，如：猪 ti^1|琛 t^him^1|陈 tan^2|竹 tik^7。

③古明、泥、日、疑母分别读[b-、l-、g-]声母，其中一些字的口语音可读[h-]声母，如：媒 hm^2|燃 $hiã^2$|瓦 hia^6。

④古章组一些字的白读音可读[t-]声母或[k-、k^h-]声母，如：唇 tun^2|枝 ki^1|齿 k^hi^3|柿 k^hi^6。

⑤古晓匣母一些字的白读音可读[k-、k^h-]或零声母，如：许 $k^hɔ^3$|薅 k^hau^1|猴 kau^2|汗 $ku\ ã^6$|糊 $k^hɔ^2$|后 au^6|学 oh^8。

⑥古止摄开口支脂之三韵一些字的白读音，其元音的开口度是比较大的[i]低元音，如：寄 kia^5|屎 sai^3。

⑦古平、去、入三调均按古清浊声母而分阴阳两个声调，如：冰 $piŋ^1$—平 $piŋ^2$|真 $tsin^1$—秦 $tsin^2$|补 $pɔ^5$—步 $pɔ^6$|壮 $tsɔŋ^5$—状 $tsɔŋ^6$|督 $tɔk^7$—独 $tɔk^8$|湿 sip^7—拾 sip^8。古全浊声母上声字归入阳去调，如：倍 pue^6|道 to^6|尽 $tsin^6$|近 kun^6。次浊声母上声字文读音（读书音）读上声，白读音多归入阳去调，如：老 lo^3—lau^6|养 $iɔŋ^3$—$tsiũ^6$|雨 u^3—$hɔ^6$。

（3）有大量的鼻化韵母。鼻化韵母多由阳声韵的韵母变化而来。如：山 san¹—suã¹|边 pian¹—pĩ¹|平 piŋ²—piã²|关 kuan¹—kuãi¹|担 tam¹—tã¹，等等。声母[m-、n-、ŋ-]后的鼻化韵母可省略鼻化符号"~"，如：棉 mi²|泥 ni²|硬 ŋi⁶ 等。

（4）厦门方言文白异读现象突出。在常用的 3500 个汉字中，有 45%的汉字有文白异读现象，有的一个字文白异读竟有 4 个读音。如"成"，文读 siŋ²~功，白读有 tsiã²~人|tsʰiã²~互伊了|siã²~新等。而且文白异读的类型复杂，有的字，文读与白读竟可以声韵调变得完全不同，如："雨"（文）u³~水|（白）hɔ⁶~落~。

4.2.2 方言的分区分类

汉语方言的分区分类，一直是方言研究的重点问题。有很多学者对方言的分区分类做出过研究，但是结论却不尽相同。如章炳麟将汉语方言分为 10 类，赵元任分为 9 区，等等。目前较为通行的看法主要有 7 区说、8 区说或者 10 区说。詹伯慧（1981）持 7 区说，把现代汉语方言分为官话、吴、湘、赣、粤、客、闽 7 种方言；1960 年袁家骅的《汉语方言概要》把方言区分成 7 个：北方话、吴语、湘语、赣语、客家话、粤语、闽语；也有的人在此基础上，将晋语从官话中分离出来，分为 8 区；《中国语言地图集》（1987）在 7 区说的基础上，把汉语方言分为 10 大区：官话、晋语、吴语、徽语、赣语、湘语、闽语、粤语、平话、客家话。在这些方言区中，目前比较有争议的问题是晋语、徽语、平话是否应该独立出来，客赣方言是否应该合并，官话的组合问题。略举争议的观点如下：

晋语的归属。李荣（1985）认为晋语是"山西及其毗邻地区有入声的方言"①。而江淮官话等官话方言同样保留有入声，却仍旧保留在官话体系内。

徽语的归属。王福堂（2004）认为："徽州方言在分区中曾有过独立成区和分别归入吴、赣、江淮官话的各种处理。这是因为方言的内部分歧和相邻方言的不同影响使它具有了混合语的性质，变得难以归类。但联系

---

① 李荣：《官话方言的分区》，《方言》1985 年第 1 期。

方言中古浊声母清化后早期的音值来看，徽州方言还是以归入吴方言为宜。"①曹志耘（2002）、赵日新（2001）也认为吴语和徽语应该合为一个"吴徽大区"，然后在第一层次上分吴语区和徽语区。

平话的归属。李荣（1989）认为"平话的共同点是古全浊塞音声母今读清塞音、塞擦音时一般不送气"②，所以将平话单立，并认为平话桂北片与桂南片差别相当大。梁金荣（1997）归纳了桂北平话和桂南平话15条相同语音特点，认为这两个平话同属平话系统，主张在分区上划归粤语。詹伯慧等（2002）主要根据湘南土话的"阳声韵大多蜕变为阴声韵"，粤北土话的"少数知澄母字白读音保持为舌头音；阳声韵大多蜕变为鼻化韵和阴声韵"这三个特点在桂北平话东北片都具备，在桂南平话都不具备的理由，而主张把桂南平话归入粤语，对于桂北平话则基本上趋向王福堂（2004）的意见，"把桂北平话的归属和湘、桂'土语'的归属合并到一起来考虑"。

客赣的分合。主张合的学者如李方桂（1937），他在《中国年鉴·中国的语言和方言》中将赣客家话作为八种方言之一。王福堂（1998）也指出"客家话和赣方言不存在真正能成为方言分区的依据的语音差异"③。当然也有不少学者认为客赣方言当分。

官话的组合。"官话"的内涵、外延问题，出现了许多争论，尤其是晋语的易帜独立问题。一方面，一些晋语研究者对晋语特征作了全面的概括，使晋语的特征更加明显突出，使晋语的升格独立有了更充分的理由。另一方面，一些学者认为，同样保留有入声的江淮官话仍纳入官话体系而晋语却升格独立，这在逻辑上有些难以自圆其说，容易给人造成"双重标准"的印象。另外，别的方言中的某些次方言亦可强调有某一些特色而独立出来，并上升一层，这样汉语方言第一层次上的类别就太多太杂了，令人不得要领。

综上所述，在汉语方言分区分类中，吴语、湘语、粤语、闽语作为汉语方言的一个独立分区，是较少有争议的。

---

① 王福堂：《徽州方言的性质和归属》，《中国语文研究》2004 年第 1 期。
② 李荣：《汉语方言的分区》，《方言》1989 年第 4 期。
③ 王福堂：《关于客家话和赣方言的分合问题》，《方言》1998 年第 1 期。

4.2.3 改进编辑距离的方言分类结果

本节继续采用改进编辑距离算法对汉语五大方言进行编辑距离计算，来检测算法的适宜性。计算对象为汉语五大方言的斯瓦迪士 100 核心词，并以英语作为外群[①]来生成方言关系树状图。为方便观察，此处列出 6 种方言代码及编号，分别是：苏州方言—Suzhou，温州方言—Wenzhou，广州方言—Guangzhou，福州方言—Fuzhou，厦门方言—Xiamen，英语—R_English100_05。

由前一节的叙述，我们注意到苏州方言和温州方言都属于吴语，广州方言属于粤语，福州方言和厦门方言都属于闽语。苏州方言和温州方言、福州方言和厦门方言这两对方言的亲属关系相对稳定，还有，这五个方言的分区分类也相对稳定。本书的改进编辑距离的方言分类都应把这五个方言划入正确的次类，以此检验基于改进编辑距离的方言分类的合理性。

表 4-2 是汉语五种方言之间的编辑距离（百分比表示）。

表 4-2　汉语 5 种方言之间的编辑距离

	1	2	3	4	5
1. SuZhou					
2. R_English100_05	1.016				
3. FuZhou	0.828	1.013			
4. WenZhou	0.654	0.989	0.861		
5. XiaMen	0.833	1.021	0.709	0.890	
6. GuangZhou	0.757	1.001	0.803	0.812	0.822

基于表 4-2 距离数据，利用 Mega 软件中的邻接法构建的方言关系树状图见图 4-4 所示。

由图 4-4 可知，苏州方言和温州方言聚类在一组，福州方言和厦门方言聚类在一组。根据前面小节的叙述，我们知道，传统语言学将苏州方言和温州方言划归在吴语区，福州方言和厦门方言划归在闽语区，改进编辑距离的分类结果与传统语言学的分类结果是完全一致的。

---

① 外群是生物信息学上的术语，其作用见下章叙述。

```
                                        ┌─ Suzhou
                                        ├─ Wenzhou
                                        └─ Guangzhou
                                        ┌─ Fuzhou
                                        └─ Xiamen
                                           R English 100 05
```

图 4-4　汉语 5 种方言关系树状图

从图 4-4 中，我们还可以发现，相比福州话和厦门话，广州话与苏州话和温州话比较近，它们再聚类为一个更大的组，这与前人的研究结果是完全一致的。下面，我们将从同源率和相关系数角度与树形图角度来进行说明。

（1）同源率和相关系数角度

斯瓦迪士提出的语言年代学假设用 200 个基本词汇比较各语言，其结果可以说明亲疏关系，并假设每过一千年同源词的保留率为 81%。日本学者王育德 1962 年发表《中国五大方言的分裂年代的言语年代学的试探》用语言年代学方法研究汉语方言接近率及其分化年代的成果。参加比较的方言有北京话、苏州话、广东话、梅县话和厦门话，分别代表官话、吴语、粤语、客家话和闽语五大方言。先用斯瓦迪士设计的包含 200 个基本词汇的词汇表，比较五大方言的异同。将五大方言两两搭配，共得十组，计算出各组方言词汇相同数的百分比，见表 4-3。从此表可以看出广州和苏州的共同率是 71.05%，广州和厦门的共同率是 56.77%。

表 4-3　五大方言词汇保留率（%）

	苏州	广州	梅县	厦门
北京	73.47	70.77	65.10	51.56
苏州		71.05	64.43	54.12
广州			70.53	56.77
梅县				59.90

徐通锵在北京出版的《历史语言学》（1991）中，也用语言年代学的方法研究了七种主要的汉语方言。斯瓦迪士百词表中的词在汉语七大方言中的同源

百分比见表 4-4。不同方言之间所保留下来的同源百分比的多少可以用来说明方言之间的接近性的程度，根据表 4-4 的统计，厦门话与苏州话的共同保留率为 59%，广州话与苏州话的共同保留率为 77%，广州话与厦门话的共同保留率为 63%，说明广州话和厦门话相互间的距离大于广州话和苏州话之间的差别，即广州话和厦门话之间相互接近性的程度不如广州话和苏州话之间近。

表 4-4 汉语七大方言百词表同源词百分比（%）

	梅县	广州	南昌	长沙	苏州	北京
厦门	68	63	64	61	59	56
梅县		79	77	72	73	69
广州			78	76	77	74
南昌				88	84	76
长沙					86	79
苏州						73

郑锦全在《汉语方言亲疏关系的计量研究》（1988）一文采用"皮尔逊相关系数"统计法来计算不同方言的亲疏程度。他以词汇统计为例来说明。数据库是《汉语方言词汇》（文字改革出版社 1964 年版）所收的 18 个方言点的 6454 个词语（共 905 条词目）。先用计算机来统计，某词在某地出现的，就用 1 标示，不出现的用 0 标示。再用"皮尔逊相关系数"的有关方程，计算出 18 个方言两两搭配的相关系数。这些系数即可看作是方言亲疏程度的指标。为了与表 4-3 和表 4-4 对照，现在选北京、苏州、广州、梅县、厦门列成表 4-5。从此表可以看出，广州和苏州之间相关系数是 0.1841，广州和厦门之间相关系数是 0.1707。

表 4-5 五大方言相关系数

	苏州	广州	梅县	厦门
北京	0.2891	0.2401	0.2149	0.1987
苏州		0.1841	0.1821	0.1658
广州			0.3022	0.1707
梅县				0.1658

董绍克等在《汉语方言词汇比较研究》(2013)一书对以普通话为本位设计的"基本词汇千词表"进行分析(千词表所收录的词是普通话基本词汇中最常用的词。其形式稳定,意义明确。基本词汇分布在社会生活的各个领域,能够涵盖社会生活的各个方面,能反映当前汉语方言词汇的基本面貌,具有科学性和全面性),看基本词汇在十大方言里的异同。通过对相似度的计算,得到方言相似度矩阵,相似度矩阵用来讨论方言之间关系。为了与表4-3、表4-4和表4-5对照,现在选长沙、南昌、苏州、广州、梅县、厦门列成表4-6。从此表可以看出,广州和苏州之间相似度是0.46152,广州和厦门之间相似度是0.38220。

表4-6 汉语六大方言相似度矩阵

	普通话	梅县	广州	南昌	长沙	苏州	厦门
普通话		0.51980	0.51578	0.66293	0.66829	0.60871	0.40861
梅县			0.47875	0.49903	0.47294	0.47173	0.39348
广州				0.48743	0.47724	0.46152	0.38220
南昌					0.62640	0.58256	0.38993
长沙						0.54762	0.37688
苏州							0.38737
厦门							

对照表4-3、表4-4、表4-5、表4-6,可以看出四者所得结果相差无几。就广州、苏州、厦门三地方言的亲疏程度上来看,情况完全相同,即广州和苏州相对近一些。

由上述分析可知,图4-4的本书分类结果与上述的研究结果是完全一致的,说明改进编辑距离算法是可行的,其方言分类结果是可信的。

(2)树形图角度

为了用更直观的图表表示方言之间的亲疏程度,郑锦全在《汉语方言亲疏关系的计量研究》(1988)一文采用"非加权平均值系联法",对通过计算得到的方言间相关系数做聚类分析。分析所得结果可以用树形图来表示,见图4-5。

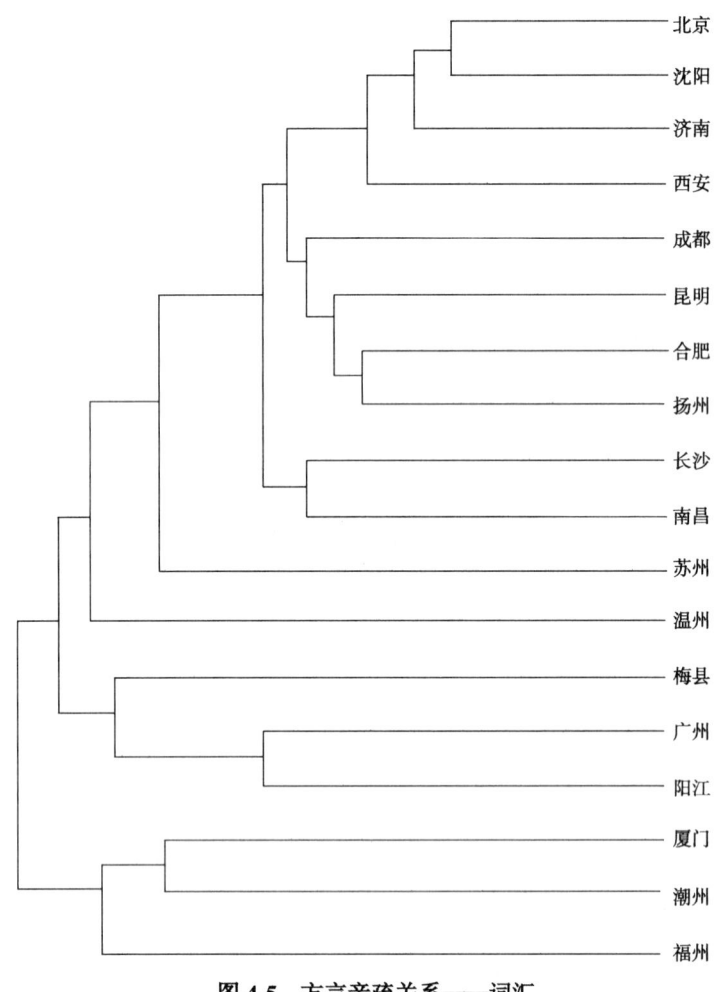

图 4-5　方言亲疏关系——词汇

  王士元在《语言的变异及语言的关系》(2002) 一文中，根据徐通锵 (1991) 的资料（即表 4-4 数据），对通过计算得到的方言间同源词百分比进行距离转换，然后采用"邻接法"，做聚类分析。分析所得结果可以用树形图来表示，见图 4-6；为了进一步了解情况，该文对图 4-6 中的七种方言又做了另外一张树形图，见图 4-7。图 4-6 是在斯瓦迪士选定的 100 个基本词的基础上绘制的，图 4-7 是在《汉语方言词汇》中近 1000 个词的基础上绘制的。

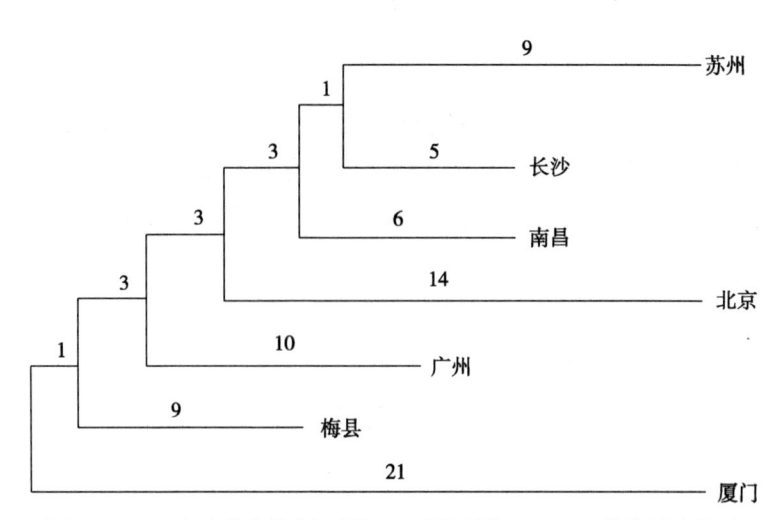

图 4-6　汉语方言的邻接树形图——以徐通锵（1991）的资料为基础

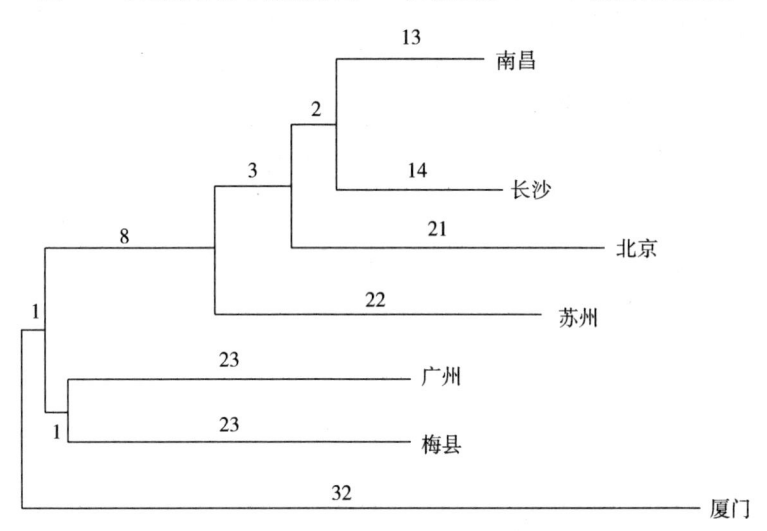

图 4-7　汉语方言的邻接树形图——以《汉语方言词汇》
（1964）的资料为基础

对比图 4-6 和图 4-7，二者存在着差异，王士元对此的解释是"基本词汇变化要比一般的词更慢"。尽管如此，但就广州、苏州、厦门三个方言来说，它们之间的相互关系则是稳定的，即广州和苏州相对近一些。

对照图 4-5、图 4-6、图 4-7，就广州、苏州、厦门三地方言可以看出三者所得结果相差无几，广州和苏州聚类在一个大簇内，三地方言亲疏程度情况完全相同，即广州和苏州相对近一些。

由上述分析可知，图 4-4 的本书分类结果与上述的研究结果是完全一致的，说明改进编辑距离算法是可行的，其方言分类结果是可信的。根据闽语音系中特有的几个十分保守的特征，我们这个结果会被从事方言研究的学者们所普遍接受。

4.3 总结

本章借助计算机手段，基于斯瓦迪士的 100 核心词，运用改进编辑距离算法以及生物信息学上的种系发生树方法，对印欧语 6 种语言和汉语 5 种方言进行了分类。其结果表明，改进编辑距离算法的分类结果与已有的传统语言学的分类结果是基本一致的，能够比较客观地反映语言或方言之间的关系，其操作过程是可重复和验证的，可推广至更多的语言或方言包括系属关系不确定的语言或方言的分类。

第 5 章 吴语徽语江淮官话分类研究

通过第 4 章的验证，我们知道，改进编辑距离算法的方言分类结果与已有的传统方言学的分类结果是基本一致的，说明改进编辑距离算法是可行的，其方言分类结果是可信的。本章将改进编辑距离算法应用于吴语、徽语和江淮官话，通过计算得到方言间距离，并基于得到的方言距离值绘制方言间关系树状图并对其进行分析与讨论，可使读者从中看到吴语、徽语和江淮官话各方言点之间的亲疏关系，并为吴语、徽语和江淮官话之间关系研究提供重要依据。

5.1 语料来源

2015 年 5 月，为贯彻党的十八大和十七届六中全会关于大力推广和规范使用国家通用语言文字，科学保护各民族语言文字的精神，落实《国家中长期语言文字事业改革和发展规划纲要（2012—2020 年）》的任务要求，教育部、国家语委联合下发通知，印发了《关于启动中国语言资源保护工程的通知》，决定自 2015 年起启动中国语言资源保护工程（简称语保工程），在全国范围开展以语言资源调查、保存、展示和开发利用等为核心的各项工作，这标志着我国从国家层面以更大范围、更大力度、更加科学有效的方式来开展语言资源保护工作。语保工程是由国家财政予以支持，教育部、国家语委领导实施的一项大型语言文化类国家工程，按照"国家统一规划、地方和专家共同实施、鼓励社会参与"的方式进行，计划用5年时间完成。语保工程的目标是利用现代化技术手段，收集记录汉语方言、少数民族语言和口头语言文化的实态语料，通过科学整理和加工，建成大规模、可持续增长的多媒体语言资源库，并开展语言资源保护研究工作，形成系统的基础性成果，进而推进深度开发应用，全面提升我国语言资源保护和利用水平，为传承中华优秀传统文化、促进民族团结、维护国家安全服务。

　　语保工程的立项和实施，体现了党和国家对我国语言资源保护工作的高度重视。为顺利实施工程，教育部、国家语委加强领导，教育部语言文字信息管理司负责工程的管理并制定有关管理办法。教育部语信司与北京语言大学共同建设中国语言资源保护研究中心，作为专业机构，负责研究拟订工程的总体规划以及工作、技术、培训、验收等规范，并受主管部门委托，指导和管理工程的具体实施。工程采取国家语委、中国语言资源保护研究中心、省级语言文字管理部门或项目负责人、课题负责人这种自上而下的分层组织管理模式。

　　语保工程（汉语）部分根据县级行政单位设置调查点，原则上"一县一点"，特殊情况下可以增点或减点，调查重在反映当下语言的实态，一县一点的，一律以县城（老城区）为调查点，一县二点的，非县城调查点应选择在当地影响较大的地点。一县一点：一般情况下，每个使用汉语的县（指"汉语通用县"和"汉语－少数民族语言兼用县"）设1个调查点。一县两点：以下情况，一县需分设二点：①一县内存在两种区属不同且分布较广的方言。这里的"区属"是指大方言区或方言片。例如福建省浦城县存在吴语和闽语两种方言，浙江省乐清市存在吴语台州片和吴语瓯江片两种方言。如果存在三种以上的方言，一般取其最主要的两种。②历史上（清代至今）曾经属于两个县，但今天已合并为一个县。例如浙江省桐乡市，旧为桐乡县和崇德县，1958年撤崇德县并入桐乡县（1993年改为桐乡市）。如果合并的县有三个以上来源，一般取其最主要的两个来源。如果撤掉的县分归多个不同的县，以其主要部分为准。多区一点：位于城区或主要位于城区的所有市辖区作为一个县级行政单位对待，位于城区之外的市辖区视为独立的县级行政单位。每个调查点根据性别因素和年龄因素选择有代表性的4名发音合作人，其中男女各2人，老年青年各2人。调查内容包括方言的概况、语音、词汇、语法、话语、口头文化，以及地方普通话。

本研究所采用的关于吴语、徽语和江淮官话语料均来自中国语言资源保护工程采录展示平台①，平台数据采录依据《中国语言资源调查手册·汉语方言》（商务印书馆2015年版），包括1000个单字、1200个词汇、50个例句、7个话语话题。吴语、徽语和江淮官话主要分布在长三角地区（上海、江苏、浙江、安徽），截至2022年5月，语保工程采录展示平台采录的长三角地区汉语方言调查点数量整理如下：

表 5-1　汉语方言调查点数量

省级行政单位	方言调查点数量
上海	12
江苏	70
浙江	90
安徽	45

5.2　方言语音比较及聚类

5.2.1　方言材料

本研究选取并收集了语保工程采录展示平台采录的长三角地区汉语方言调查点217个方言点的斯瓦迪士100核心词②进行计算。另外，为了验证217个方言的分类结构的一致性，本研究还选取了2个印欧语语言。为方便观察，本小节列出了这219个语言/方言名称及代码。

1. 按方言区③

（1）中原官话

徐州-XuZhou、丰县-FengXian-su、沛县-PeiXian、贾汪-JiaWang、邳州-

---

① "中国语言资源保护工程采录展示平台"网址：https://zhongguoyuyan.cn/。
② 语保工程包括1200个词汇，具体到斯瓦迪士100核心词只有77个。
③ 中国社会科学院语言所等编：《中国语言地图集（第2版）·汉语方言卷》，商务印书馆2012年版。

PiZhou、新沂-XinYi、睢宁-SuiNing、宿迁-SuQian、赣榆-GanYu

相山- XiangShan-hui、阜阳-FuYang-hui、埇桥-YongQiao、亳州-BoZhou、蚌埠- BengBu

（2）江淮官话

连云港-LianYunGang、东海-DongHai、灌云-GuanYun、灌南-GuanNan、沭阳-ShuYang、泗阳-SiYang、泗洪-SiHong、淮安-HuaiAn、涟水-LianShui、楚州-ChuZhou-su、洪泽-HongZe、盱眙-XuYi、金湖-JinHu、盐城-YanCheng、响水-XiangShui、滨海-BinHai、阜宁-FuNing、射阳-SheYang、建湖-JianHu、扬州-YangZhou、宝应-BaoYing、高邮-GaoYou、江都-JiangDu、仪征-YiZheng、靖江东兴-JingJiangDongXing、镇江-ZhenJiang、扬中-YangZhong、南京-NanJing、六合-LiuHe、浦口-PuKou、溧水-LiShui、句容-JuRong、大丰-DaFeng、东台-DongTai、南通-NanTong、海安-HaiAn、如皋-RuGao、如东-RuDong、泰州-TaiZhou、兴化-XingHua、姜堰-JiangYan、泰兴-TaiXing

滁州-ChuZhou-hui、芜湖-WuHu、青阳-QingYang、巢湖-ChaoHu、蜀山-ShuShan、安庆-AnQing、六安-LiuAn、马鞍山-MaAnShan、枞阳-ZongYang、郎溪-LangXi、无为-WuWei、宣城-XuanCheng、淮南-HuaiNan、桐城-TongCheng、池州-ChiZhou、广德-GuangDe、镜湖-JingHu、天长-TianChang

（3）吴语

苏州-SuZhou、吴江-WuJiang、昆山-KunShan、太仓-TaiCang、常熟-ChangShu、张家港-ZhangJiaGang、无锡-WuXi、江阴-JiangYin、宜兴-YiXing、常州-ChangZhou、金坛-JinTan、溧阳-LiYang、丹阳-DanYang、靖江-JingJiang、海门四甲-HaiMenSiJia、海门-HaiMen、启东-QiDong、通州-TongZhou、高淳-GaoChun

崇明-ChongMing、奉贤-FengXian-hu、宝山-BaoShan、川沙-ChuanSha、惠南-HuiNan、青浦-QingPu、浦西中心城区-PuXiZhongXinChengQu、金山-JinShan、浦西周边-PuXiZhouBian、松江-SongJiang、闵行-MinHang、嘉定-JiaDing

萧山-XiaoShan、上城-ShangCHeng、富阳-FuYang-zhe、建德-JianDe、分水-FenShui、桐庐-TongLu、临安-LinAn、余杭-YuHang、昌化-ChangHua、

第 5 章 吴语徽语江淮官话分类研究

於潜-YuQian、新登-XinDeng、奉化-FengHua、慈溪-CiXi、宁海-NingHai、海曙-HaiShu、镇海-ZhenHai、象山-XiangShan-zhe、余姚-YuYao、温州-WenZhou、文成-WenCheng、苍南-CangNan、平阳-PingYang、永嘉-YongJia、乐清-YueQing、瑞安-RuiAn、泰顺吴语-TaiShunWuYu、湖州-HuZhou、德清-DeQing、安吉孝丰-AnJiXiaoFeng、安吉-AnJi、长兴-ChangXing、武康-WuKang、嘉兴-JiaXing、桐乡-TongXiang、平湖-PingHu、海宁-HaiNing、海盐-HaiYan、嘉善-JiaShan、崇德-ChongDe、绍兴-ShaoXing、上虞-ShangYu、新昌-XinChang、诸暨-ZhuJi、嵊州-ShengZhou、金华-JinHua、义乌-YiWu、宣平-XuanPing、武义-WuYi、永康-YongKang、兰溪-LanXi、浦江-PuJiang、东阳-DongYang、磐安-PanAn、汤溪-TangXi、嵊泗-ShengSi、岱山-DaiShan、定海-DingHai、普陀-PuTuo、常山-ChangShan、开化-KaiHua、龙游-LongYou、柯城-KeCHeng、江山-JiangShan、衢江-QuJiang、玉环-YuHuan、台州椒江-TaiZhouJiaoJiang、临海-LinHai、天台-TianTai、黄岩-HuangYan、三门-SanMen、仙居-XianJu、温岭-WenLing、缙云-JinYun、浙江景宁-ZheJiangJingNing、景宁-JingNing、青田-QingTian、龙泉-LongQuan、松阳-SongYang、云和-YunHe、遂昌-SuiChang、庆元-QingYuan、莲都-LianDu

义安-YiAn、泾县-JingXian、南陵-NanLing、繁昌-FanChang、铜陵-TongLing、黄山-HuangShan

（4）闽语

杭州留下-HangZhouLiuXia、苍南闽语-CangNanMinYu、泰顺蛮讲-TaiShunManJiang、洞头-DongTou

（5）赣语

太湖-TaiHu、潜山-QianShan、宿松-SuSong、东至-DongZhi、怀宁-HuaiNing、望江-WangJiang、石台-ShiTai、岳西-YueXi

（6）徽语

寿昌-ShouChang、建德九姓渔民方言-JianDeJiuXing、淳安-ChunAn、遂安-SuiAn

屯溪-TunXi、黟县-YiXian、旌德-JingDe、绩溪-JiXi、歙县-SheXian、祁门-QiMen、休宁-XiuNing、徽州-HuiZhou

（7）印欧语

意大利语-Italian100_03、法语-French100_04

2. 按地区

217个语言/方言分布地区如下，其代码同上，不再赘述。

（1）江苏省

（1.1）南京

南京、六合、浦口、溧水、高淳

（1.2）无锡

无锡、江阴、宜兴

（1.3）徐州

徐州、丰县、沛县、贾汪、邳州、新沂、睢宁

（1.4）常州

常州、金坛、溧阳

（1.5）苏州

苏州、吴江、昆山、太仓、常熟、张家港

（1.6）淮安

淮安、楚州、金湖、盱眙、洪泽、涟水

（1.7）南通

南通、如皋、如东、海安、启东、海门、海门四甲、通州

（1.8）盐城

盐城、射阳、建湖、阜宁、滨海、响水、东台、大丰

（1.9）扬州

扬州、宝应、高邮、江都、仪征

（1.10）泰州

泰州、靖江东兴、泰兴、兴化、姜堰、靖江

（1.11）镇江

镇江、句容、扬中、丹阳

（1.12）宿迁

宿迁、沭阳、泗阳、泗洪

第 5 章 吴语徽语江淮官话分类研究

（1.13）连云港

连云港、灌云、灌南、赣榆、东海

（2）上海市

崇明、奉贤、宝山、川沙、惠南、青浦、浦西中心城区、金山、浦西周边、松江、闵行、嘉定

（3）浙江省

（3.1）杭州

萧山、上城、富阳、寿昌、建德、建德九姓渔民方言、杭州留下、分水、桐庐、淳安、临安、余杭、遂安、昌化、於潜、新登

（3.2）宁波

奉化、慈溪、宁海、海曙、镇海、象山、余姚

（3.3）温州

温州、文成、苍南、苍南闽语、平阳、永嘉、乐清、瑞安、泰顺蛮讲、泰顺吴语、洞头

（3.4）湖州

湖州、德清、安吉孝丰、安吉、长兴、武康

（3.5）嘉兴

嘉兴、桐乡、平湖、海宁、海盐、嘉善、崇德

（3.6）绍兴

绍兴、上虞、新昌、诸暨、嵊州

（3.7）金华

金华、义乌、宣平、武义、永康、兰溪、浦江、东阳、磐安、汤溪

（3.8）舟山

嵊泗、岱山、定海、普陀

（3.9）衢州

常山、开化、龙游、柯城、江山、衢江

（3.10）台州

玉环、台州椒江、临海、天台、黄岩、三门、仙居、温岭

（3.11）丽水

缙云、浙江景宁、景宁、青田、龙泉、松阳、云和、遂昌、庆元、莲都

（4）安徽省

（4.1）合肥

巢湖、蜀山

（4.2）淮北

相山

（4.3）亳州

亳州

（4.4）宿州

埇桥

（4.5）蚌埠

蚌埠

（4.6）阜阳

阜阳

（4.7）淮南

淮南

（4.8）滁州

滁州、天长

（4.9）六安

六安

（4.10）马鞍山

马鞍山

（4.11）芜湖

芜湖、南陵、繁昌、无为、镜湖

（4.12）宣城

宣城、泾县、旌德、绩溪、郎溪、广德

（4.13）铜陵

铜陵、义安、枞阳

（4.14）池州

池州、东至、石台、青阳

（4.15）安庆

安庆、太湖、潜山、宿松、怀宁、望江、岳西、桐城

（4.16）黄山

黄山、屯溪、黟县、歙县、祁门、休宁、徽州

（5）欧洲

意大利语、法语

5.2.2 距离矩阵

基于斯瓦迪士 100 核心词，利用本研究改进的编辑距离算法计算两两方言间距离，对于 219 种语言/方言，会产生一个 219×219 的距离矩阵。

以 217 种长三角地区汉语方言作为分析对象，并以意大利语作为外群来分析它们之间的关系，生成的距离矩阵如下页表 5-2 所示。限于数据量比较多，此处表格仅展示部分数据。

以 217 种长三角地区汉语方言作为分析对象，并以法语作为外群来分析它们之间的关系，生成的距离矩阵如下页表 5-3 所示。限于数据量比较多，此处表格仅展示部分数据。

5.2.3 方言关系树状图

计算出语言距离矩阵后，就可以生成反映语言亲缘关系和语言分类的树形图了。本书采用生物信息学上的生物种系发生分类的程序 Mega 软件生成树形图。生成的树形图分为有根树和无根树。有根树是有方向的树，含有唯一的节点，有根树不但表示出语言的亲疏关系，而且还反映出它们具有共同的起源以及进化方向。无根树是没有方向的树，无根树只是简单地表示出语言群之间的亲疏关系，并不反映进化途径。

本书利用 Mega 软件生成有根树，确定有根树树根的最常用方法是使用外群（Outgroup）。外群可以辅助定位树根，见图 5-1。在具体操作时，选择一个或多个与分析对象关系较远的语言来作为树图的外群。外群与分析

对象间的差异必须比分析对象之间的差异更显著。外群的用途主要有两个：一是使得计算过程中形成的无根树成为有根树，也就是让树以外群为起点；二是有利于分析对象的特征极化，如果特征有了极性，则推断的谱系树也就有了方向性，无根谱系树才能因此而变为有根谱系树。①外群对操作对象的分析相当重要，合理的处理方法是采用许多个外群去计算每一个分析，从而确定内在分类群的拓扑结构的一致性。②

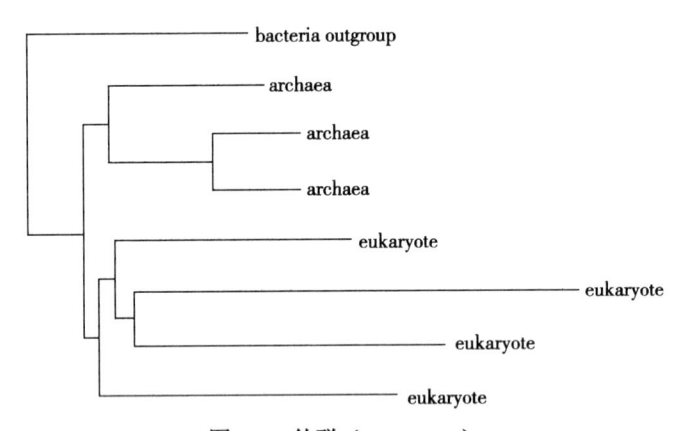

图 5-1　外群（Outgroup）

本节基于方言之间的距离数据，利用 Mega 软件中的邻接法构建方言关系树状图；使用外群语言意大利语和法语确定内在分类群的拓扑结构的一致性。

表 5-2 是 217 种汉语方言之间的编辑距离（百分比表示），以意大利语作为外群。基于表 5-2 距离数据构建的方言关系树状图如图 5-2 所示。表 5-3 是 217 种汉语方言之间的编辑距离（百分比表示），以法语作为外群。基于表 5-3 距离数据构建的方言关系树状图如图 5-3 所示。

---

① 张昀：《生物进化》，北京大学出版社 1998 年版，第 150 页。
② 赵国屏等：《生物信息学》，科学出版社 2002 年版，第 111 页。

第 5 章　吴语徽语江淮官话分类研究

从图 5-2、图 5-3 我们可以看出，无论是以意大利语还是以法语作为外群，图 5-2 和图 5-3 的方言分类格局是一致的，这说明本研究的分类结果是可信的。

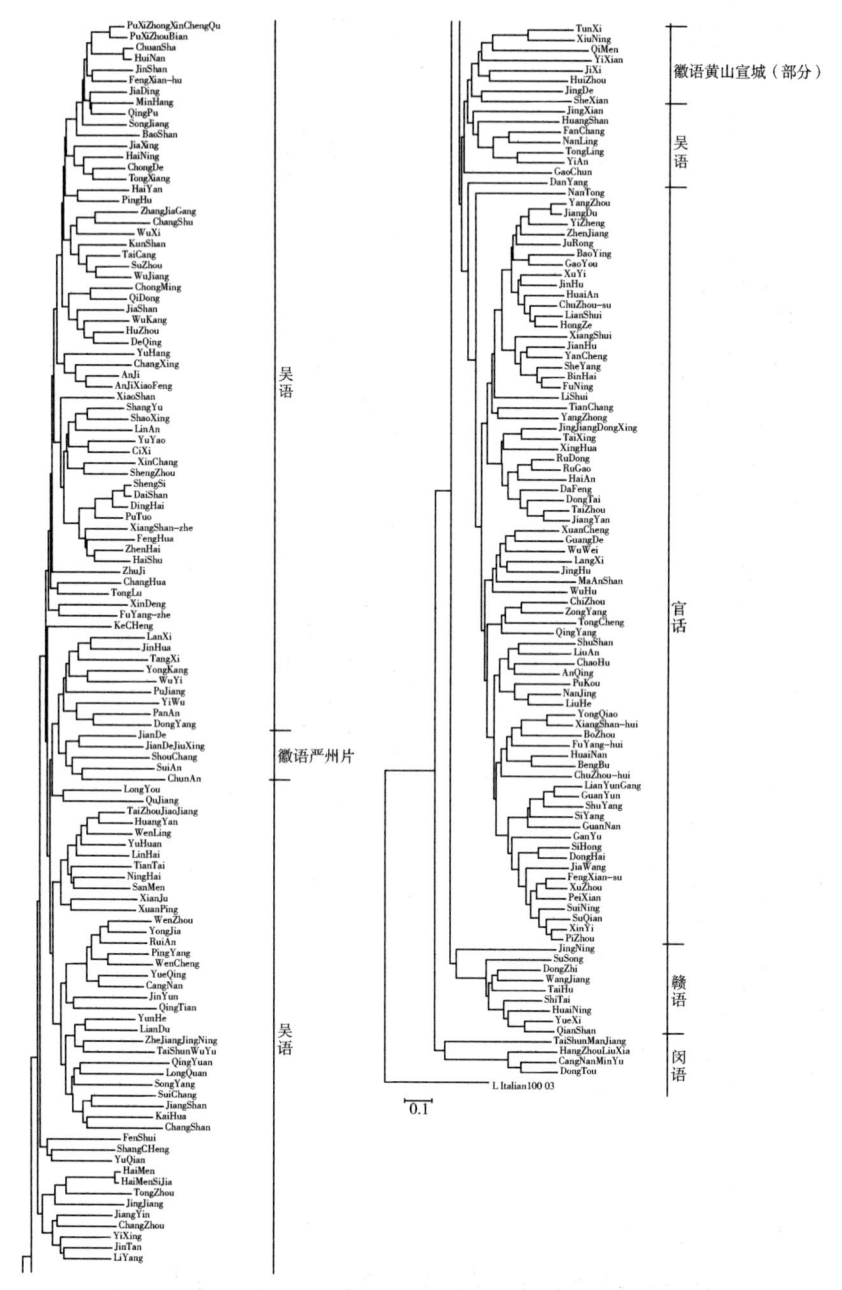

图 5-2　217 种方言，以意大利语作为外群（右图接续左图）

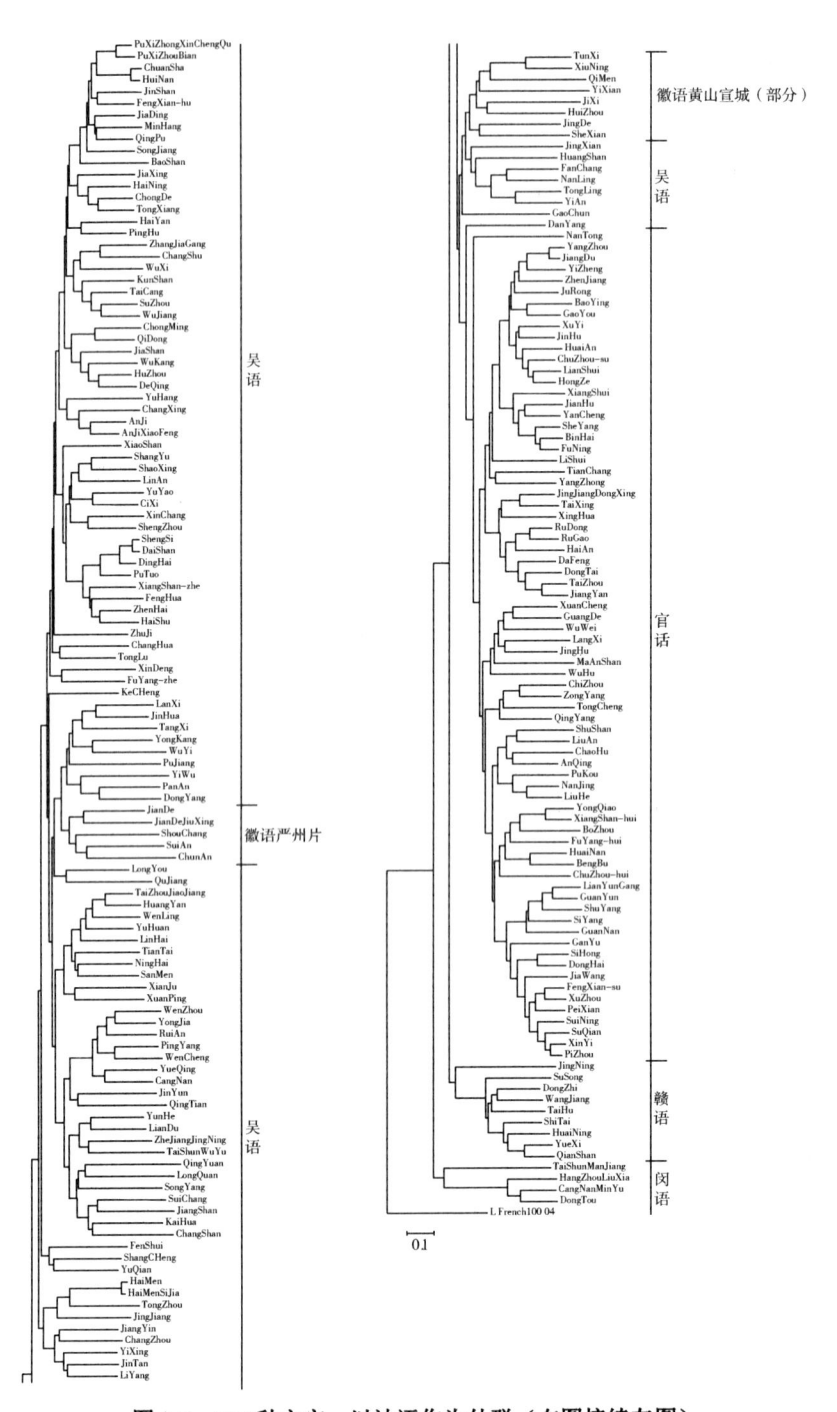

图 5-3 217 种方言，以法语作为外群（右图接续左图）

第5章 吴语徽语江淮官话分类研究

5.3 结果与分析

5.3.1 方言聚类情况

由图 5-2、图 5-3 我们可以看出，两张图均将 217 种汉语方言分为 5 个大的聚类，即官话、吴语、徽语、赣语、闽语。其中官话又分为 9 个较大的聚类，为了便于阐述方言分类情况，这 9 个聚类参照前人研究的方言小片命名形式和本研究聚类情况，命名为中原官话徐宿片、中原官话商阜片和信蚌片（部分）、江淮官话连阳片、江淮官话合肥六安南京片、江淮官话黄孝片（部分）、江淮官话宣城马鞍山芜湖片、江淮官话泰如片、江淮官话盐城片、江淮官话淮扬镇片；吴语又分为 6 个较大的聚类，为了便于阐述方言分类情况，这 6 个聚类参照前人研究的方言小片命名形式和本研究聚类情况，命名为太湖片、金衢片、台州片、瓯江片、处衢片、宣州片；徽语又分为 2 个较大的聚类，为了便于阐述方言分类情况，这 2 个聚类参照前人研究的方言小片命名形式和本研究聚类情况，命名为严州片、黄山宣城（部分）片。如图 5-4 所示。

1. 官话

（1）中原官话徐宿片。这一聚类主要含徐州城区和宿迁城区，为了便于阐述方言分类情况，特命名为徐宿片。包括邳州、新沂、睢宁、泗洪、东海、沛县、贾汪、徐州、丰县、赣榆、宿迁。地跨江苏省徐州、连云港、宿迁 3 个地级市。具体分布地区如下：

江苏省

徐州：城区、邳州、新沂、睢宁、沛县、贾汪、丰县

连云港：赣榆、东海

宿迁：城区、泗洪

（2）中原官话商阜片和信蚌片（部分）。由于这一聚类所包含方言与前人研究基本一致，故本片命名采用前人的命名形式，为了便于阐述方言

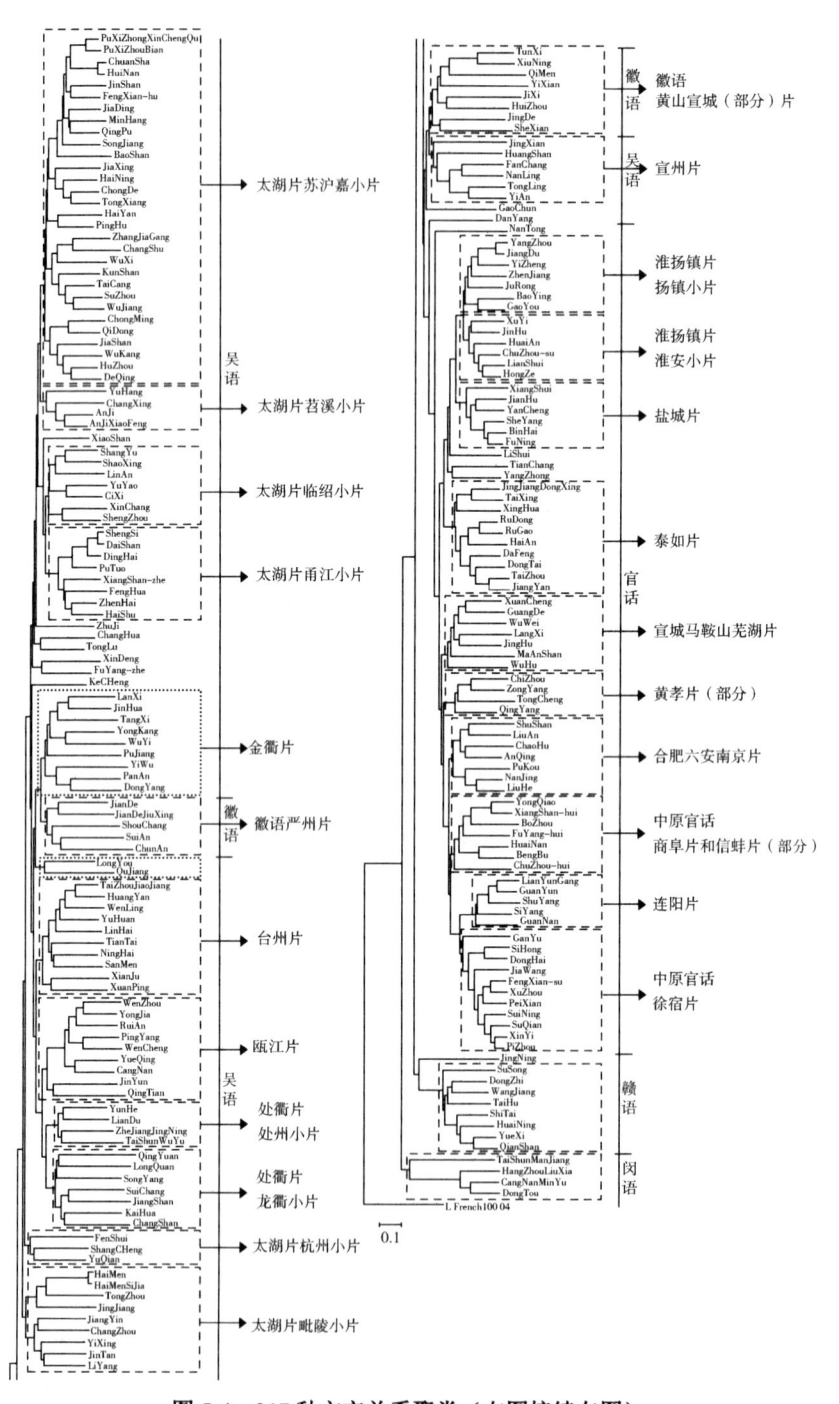

图 5-4　217 种方言关系聚类（右图接续左图）

分类情况，特命名为商阜片和信蚌片（部分），也就是说，这一聚类的方言是前人研究的商阜片和信蚌片方言的一部分，非全部。包括埇桥、相山、亳州、阜阳、淮南、蚌埠、滁州。地跨安徽省宿州、淮北、亳州、阜阳、淮南、蚌埠、滁州 7 个地级市。具体分布地区如下：

安徽省

宿州：埇桥

淮北：相山

亳州：城区

阜阳：城区

淮南：城区

蚌埠：城区

滁州：城区

（3）江淮官话连阳片。这一聚类命名情况见 5.3.2 节的说明。包括连云港、灌云、灌南、泗阳、沭阳。地跨江苏省连云港和宿迁 2 个地级市。具体分布地区如下：

江苏省

连云港：城区、灌云、灌南

宿迁：泗阳、沭阳

（4）江淮官话合肥六安南京片。这一聚类命名情况见 5.3.2 节的说明。包括南京、六合、浦口、安庆、巢湖、蜀山、六安。地跨江苏省南京 1 个地级市和安徽省合肥、六安、安庆 3 个地级市。具体分布地区如下：

江苏省

南京：城区、六合、浦口

安徽省

合肥：巢湖、蜀山

六安：城区

安庆：城区

（5）江淮官话黄孝片（部分）。这一聚类命名情况见 5.3.2 节的说明。包括池州、枞阳、桐城、青阳。地跨安徽省池州、铜陵、安庆 3 个地级市。

具体分布地区如下：

安徽省

池州：城区、青阳

铜陵：枞阳

安庆：桐城

（6）江淮官话宣城马鞍山芜湖片。这一聚类命名情况见 5.3.2 节的说明。包括宣城、广德、无为、郎溪、镜湖、马鞍山、芜湖。地跨安徽省宣城、马鞍山、芜湖 3 个地级市。具体分布地区如下：

安徽省

宣城：城区、广德、郎溪

马鞍山：城区

芜湖：城区、无为、镜湖

（7）江淮官话泰如片。这一聚类命名情况见 5.3.2 节的说明。包括泰兴、靖江东兴、兴化、姜堰、泰州、东台、大丰、海安、如东、如皋。地跨江苏省泰州、盐城、南通 3 个地级市。具体分布地区如下：

江苏省

泰州：城区、泰兴、靖江东兴、兴化、姜堰

盐城：东台、大丰

南通：海安、如东、如皋

（8）江淮官话盐城片。这一聚类命名情况见 5.3.2 节的说明。包括盐城、响水、建湖、滨海、射阳、阜宁。地跨江苏省盐城 1 个地级市。具体分布地区如下：

江苏省

盐城：城区、响水、建湖、滨海、射阳、阜宁

（9）江淮官话淮扬镇片。这一聚类命名情况见 5.3.2 节的说明。包括扬州、江都、仪征、镇江、句容、宝应、高邮、淮安、楚州、涟水、洪泽、盱眙、金湖。地跨江苏省扬州、镇江、淮安 3 个地级市。具体分布地区如下：

江苏省

扬州：城区、江都、仪征、宝应、高邮

镇江：城区、句容

淮安：城区、楚州、涟水、洪泽、盱眙、金湖

2. 吴语

（1）太湖片苏沪嘉小片。这一聚类命名情况见 5.3.2 和 5.3.4 节的说明。包括浦西中心城区、浦西周边、川沙、惠南、金山、奉贤、嘉定、闵行、青浦、松江、宝山、嘉兴、海宁、崇德、桐乡、海盐、平湖、张家港、常熟、无锡、昆山、太仓、苏州、吴江、崇明、启东、嘉善、武康、湖州、德清。地跨上海市、江苏省苏州、无锡、南通 3 个地级市和浙江省湖州、嘉兴 2 个地级市。具体分布地区如下：

江苏省

苏州：城区、吴江、昆山、太仓、常熟、张家港

无锡：城区

南通：启东

上海市

崇明、奉贤、宝山、川沙、惠南、青浦、浦西中心城区、金山、浦西周边、松江、闵行、嘉定

浙江省

湖州：城区、德清、武康

嘉兴：城区、桐乡、平湖、海宁、海盐、嘉善、崇德

（2）太湖片苕溪小片。这一聚类命名情况见 5.3.2 节的说明。包括余杭、长兴、安吉、安吉孝丰。地跨浙江省杭州、湖州 2 个地级市。具体分布地区如下：

浙江省

杭州：余杭

湖州：长兴、安吉、安吉孝丰

（3）太湖片临绍小片。这一聚类命名情况见 5.3.2 节的说明。包括上虞、绍兴、临安、余姚、慈溪、新昌、嵊州。地跨浙江省杭州、宁波、绍兴 3 个地级市。具体分布地区如下：

浙江省

杭州：临安

宁波：余姚、慈溪

绍兴：城区、上虞、新昌、嵊州

（4）太湖片甬江小片。这一聚类命名情况见 5.3.2 节的说明。包括嵊泗、岱山、定海、普陀、象山、奉化、镇海、海曙。地跨浙江省舟山、宁波 2 个地级市。具体分布地区如下：

浙江省

舟山：嵊泗、岱山、定海、普陀

宁波：象山、奉化、镇海、海曙

（5）太湖片杭州小片。这一聚类命名情况见 5.3.2 节的说明。包括分水、上城、於潜。地跨浙江省杭州 1 个地级市。具体分布地区如下：

浙江省

杭州：分水、上城、於潜

（6）太湖片毗陵小片。这一聚类命名情况见 5.3.2 节的说明。包括海门、海门四甲、通州、靖江、江阴、常州、宜兴、金坛、溧阳。地跨江苏省无锡、常州、南通、泰州 4 个地级市。具体分布地区如下：

江苏省

无锡：江阴、宜兴

常州：城区、金坛、溧阳

南通：海门、海门四甲、通州

泰州：靖江

（7）金衢片。这一聚类命名情况见 5.3.2 和 5.3.4 节的说明。包括兰溪、金华、汤溪、永康、武义、浦江、义乌、磐安、东阳、龙游、衢江。地跨浙江省金华、衢州 2 个地级市。具体分布地区如下：

浙江省

金华：城区、义乌、武义、永康、兰溪、浦江、磐安、东阳、汤溪

衢州：龙游、衢江

（8）台州片。这一聚类命名情况见 5.3.2 节的说明。包括台州椒江、黄岩、温岭、玉环、临海、天台、宁海、三门、仙居、宣平。地跨浙江省台州、金华、宁波 3 个地级市。具体分布地区如下：

第 5 章 吴语徽语江淮官话分类研究

浙江省

台州：玉环、台州椒江、临海、天台、黄岩、三门、仙居、温岭

金华：宣平

宁波：宁海

（9）瓯江片。这一聚类命名情况见 5.3.2 节的说明。包括温州、永嘉、瑞安、平阳、文成、乐清、苍南、缙云、青田。地跨浙江省温州、丽水 2 个地级市。具体分布地区如下：

浙江省

温州：城区、永嘉、瑞安、平阳、文成、乐清、苍南

丽水：缙云、青田

（10）处衢片处州小片。这一聚类命名情况见 5.3.2 和 5.3.4 节的说明。包括云和、莲都、浙江景宁、泰顺吴语。地跨浙江省温州、丽水 2 个地级市。具体分布地区如下：

浙江省

丽水：云和、莲都、浙江景宁

温州：泰顺吴语

（11）处衢片龙衢小片。这一聚类命名情况见 5.3.2 和 5.3.4 节的说明。包括庆元、龙泉、松阳、遂昌、江山、开化、常山。地跨浙江省丽水、衢州 2 个地级市。具体分布地区如下：

浙江省

丽水：庆元、龙泉、松阳、遂昌

衢州：江山、开化、常山

（12）宣州片。这一聚类命名情况见 5.3.2 节的说明。包括泾县、黄山、繁昌、南陵、铜陵、义安。地跨安徽省铜陵、宣城、芜湖、黄山 4 个地级市。具体分布地区如下：

安徽省

铜陵：城区、义安

宣城：泾县

芜湖：繁昌、南陵

黄山：城区

3. 徽语

（1）徽语严州片。这一聚类命名情况见 5.3.2 节的说明。包括建德、建德九姓渔民方言、寿昌、遂安、淳安。地跨浙江省杭州 1 个地级市。具体分布地区如下：

浙江省

杭州：建德、建德九姓渔民方言、寿昌、遂安、淳安

（2）徽语黄山宣城（部分）片。这一聚类命名情况见 5.3.2 节的说明。包括屯溪、休宁、祁门、黟县、绩溪、徽州、旌德、歙县。地跨安徽省黄山、宣城 2 个地级市。具体分布地区如下：

安徽省

黄山：屯溪、黟县、歙县、祁门、休宁、徽州

宣城：旌德、绩溪

4. 赣语

长三角地区赣语，地跨安徽省安庆、池州 2 个地级市。包括宿松、东至、望江、太湖、石台、怀宁、岳西、潜山。具体分布地区如下：

安徽省

安庆：宿松、望江、太湖、怀宁、岳西、潜山

池州：东至、石台

5. 闽语

长三角地区闽语，地跨浙江省温州、杭州 2 个地级市。包括泰顺蛮讲、杭州留下、苍南闽语、洞头。具体分布地区如下：

浙江省

温州：泰顺蛮讲、苍南闽语、洞头

杭州：杭州留下

由图 5-2、图 5-3 我们可以看出，两张图均将 217 种汉语方言分为 5 个大的聚类，即官话、吴语、徽语、赣语、闽语。其中，关于吴语的划分，通行的说法是，太湖片为北部吴语，宣州片吴语可称为西部吴语，其他片

第5章 吴语徽语江淮官话分类研究

为南部吴语①。图5-2和图5-3均显示，吴语划分为三部分，徽语划分为两部分；徽语严州片和南部吴语、徽语黄山宣城（部分）和西部吴语的关系最近；两张图的方言分类格局没有变化，是一致的。将图5-2和图5-3中各个聚类的层次关系用图形可视化的方式表示出来，见图5-5。

```
                                                              赣语  闽语
   北部吴语  徽语严州片 南部吴语 徽语黄山宣城    西部吴语 江淮官话大部分和
                              （部分）                  中原官话小部分
```

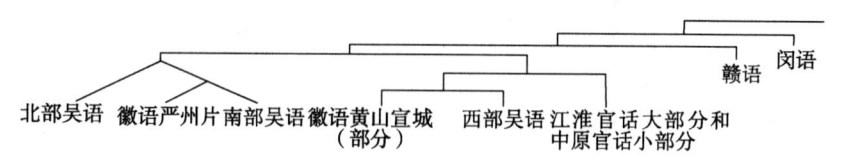

图5-5　217种方言关系整体聚类图

从图5-5我们可以得出217种汉语方言的聚类关系，即徽语严州片和南部吴语、徽语黄山宣城（部分）和西部吴语的关系最近；徽语严州片跟南北吴语混在一起，徽语黄山宣城（部分）、西部吴语、江淮官话混在一起；赣语和闽语单列。对此，《汉语方言学大词典》提到"宣州片吴语可称西部吴语""宣州片吴语主要分布在皖南地区""吴语宣州片跟安徽南部的徽语关系密切，本片方言在不同程度上受徽语影响""吴语宣州片在发生学意义上跟徽语更近，是形成徽语的主干""徽语韵母及句法和词汇上接近金衢等处南部吴语，广义上可归属吴语—徽严片"。郑张尚芳（1986）提到"本片（指严州片——作者注）突入浙江吴语地区，因此具有更多的吴语成分"②。《吴语的边界和南北分区》一文谈到吴语的南北分片时，是这样描述的"北片指江苏南部，上海，浙江嘉兴、舟山、宁波、绍兴四地区，与杭州市天目溪、分水江、富春江两岸及以北部分（包括萧山、富阳、桐庐、分水、昌化）；南片指杭州市新安江流域（水库及周围，包括建德、淳安、寿昌、遂安），与金华、台州、丽水、温州四地区"③。从此描述中可以看出建德、淳安、寿昌、遂安方言跟南部吴语关系比较近，只不过，随着对建德、淳安、寿昌、遂安方言调查的深入，学者们将它们从吴语划出，划归徽语严州片，但这也说明了徽语严州片跟南部吴语关系比较近，图5-5的聚类关系反映出了这一情况。曹志耘在《徽语严州方言研究》中也

---

① 詹伯慧、张振兴：《汉语方言学大词典》，广东教育出版社2017年版，第441页。
② 郑张尚芳：《皖南方言的分区（稿）》，《方言》1986年第1期。
③ 蔡勇飞：《吴语的边界和南北分区》，《方言》1984年第1期。

· 139 ·

提到"建德话和寿昌话跟吴语比较接近,尤其是它们的文读系统可以说完全是吴语型的,如果使用文读系统,通话基本上没有问题。笔者作为浙江省中部的汤溪县(今属金华市婺城区)人,初听建德、寿昌人说文读音时竟觉得很像金华城里话——夹杂着很多文读音的,带有一定程度的地区共同语性质的那种金华城里话"[①]。这也说明徽语严州片跟南部吴语尤其是金衢片吴语关系比较近,图5-5的聚类关系反映出这一情况。赵日新(2001)讨论徽语的形成特点,将徽语跟周边的吴语、江淮官话和赣语进行比较,指出徽语的底子是古吴语,所以从发生学角度来看,即便徽语在后期的发展中受其他方言特别是权威方言的影响而混入了其他方言的一些特点,或各自独立发展出一些新的特点,但这些特点还不足以使徽语"官话化",徽语是受官话影响较大的吴语,可以归入吴语,成为吴语的"徽严片";徽语是在古百越语、原始吴语的基础上,历经中原汉语的不断冲刷而形成的;徽语跟江淮官话的底子都是古吴语,但相对而言,江淮官话受北方官话的影响更大以至于"官话化"了,而徽语受北方官话影响相对较小,保留了更多的吴语成分。从历史上来说,吴语、徽语和江淮方言关系密切。方言学界一直有这样的看法:徽语和江淮方言中有吴语的底层,现在的徽语区和江淮方言区原来也是说吴语的,后来受到北方移民的影响,走上了不同的发展道路[②]。图5-5的聚类关系也显示出了三者之间关系比较近。平田昌司(1998)倾向于把两地方言(指徽州方言和严州方言)分开讨论:徽州方言是相对接近长江中游流域方言的一种混合性方言;而严州方言是在吴语的基础上形成的过渡性方言[③]。图5-5的聚类关系反映出了上述情况。

现在我们再来看一下《中国语言地图集》(1987)中描述的217种汉语方言的位置,主要涉及四张地图,分别是B3图(官话之三)、B8图(东南地区的汉语方言)、B9图(吴语)和B10图(安徽南部汉语方言)。从地理位置来看,徽语严州片突入吴语地区,地图上看,是突入南部吴语地区(见

---

① 曹志耘:《徽语严州方言研究》,北京语言大学出版社2017年版,第15页。
② 赵日新:《徽语跟周围方言的关系——兼谈徽语的归属》,《第二届国际吴方言学术研讨会论文集》,2001年。
③ 平田昌司:《徽州方言研究》,日本:好文出版社1998年版,第26页。

B8 图、B9 图）；吴语宣州片（可称西部吴语）往南接安徽南部的徽语，往西北接长江中游流域的江淮官话（B8 图、B10 图）。周振鹤、游汝杰曾提到"方言是历史发展过程中的产物，历史上的行政地理区划对方言区的形成有着非常重要的影响，尤其是二级行政单位府（或州、或郡）内部政治、经济、文化以及交通等各个方面的一体化自然能够促使方言的一体化"[①]。图 5-5 的聚类关系反映出了这一情况。

本研究对吴语、徽语、江淮官话进行了比较，得出这些方言具体的片、小片、方言点之间的聚类关系见图 5-4，整体的聚类关系见图 5-5。同时，本研究解决了吴语、徽语、江淮官话之间的层次问题以及高一层次和低一层次的方言关系问题和方言间的亲疏关系程度问题，片、小片、方言点之间的关系清晰可见。值得注意的是，本研究得到的每一个方言片的内部分类结果与前人研究结果基本一致，这也说明了本研究分类方法的合理性。下一小节将对图 5-4 分方言片详细介绍其内部分类情况，并提出自己的方言分类观点。另外，需要说明的是：由于汉语方言非常复杂，所以研究得出的方言关系分类结果就是对现有方言材料（本研究搜集了 217 种汉语方言）的计算、分析与讨论。

5.3.2 方言分类的层次性

由图 5-2 和图 5-3 可以看出，无论是以意大利语还是以法语作为外群，两个树形图中每个方言片内部分类的情况是相同的，这就说明方言分类结果是可信的。本节将逐一介绍吴语、徽语、江淮官话内部分类的情况。值得注意的是，相比传统研究结果，本研究不但对吴语、徽语、江淮官话进行了多层次的划分，而且还表达了其他大量的信息，如方言间的亲疏远近程度以及和整体之间的相互关系等。

1. 吴语

根据图 5-4 的聚类情况，吴语分为 6 个较大的聚类，为了便于阐述方言分类情况，参照前人研究的方言小片命名形式，这 6 个聚类命名为太湖片、

---

① 陈荣泽：《藏语方言的分布格局及其形成的历史地理人文背景》，《中央民族大学学报》（哲学社会科学版）2016 年第 2 期。

金衢片、台州片、瓯江片、处衢片、宣州片。

（1）太湖片苏沪嘉小片

本研究计量分析的结果支持《中国语言地图集》（1987）划分的苏沪嘉小片方案，我们认为"苏沪嘉"这个名字比"苏嘉湖"更合适，能更好地显示方言的归属片以及反映方言之间的关系，具体阐述见5.3.4节。由于这一聚类所包含方言与前人研究基本一致，故本片命名采用前人的命名形式，即太湖片苏沪嘉小片。

就我们搜集的方言材料来说，本研究得到的太湖片苏沪嘉小片的内部分类情况见图5-6。

同一小族类里的语言关系比外族类的语言关系近。图5-6显示太湖片苏沪嘉小片方言，浦西中心城区话和浦西周边话关系相近；川沙话和惠南话关系相近；金山话和奉贤话关系相近；青浦话和闵行话关系相近；桐乡话和崇德话关系相近；平湖话和海盐话关系相近；常熟话和张家港话关系相近；苏州话和吴江话关系相近；崇明话和启东话关系相近；湖州话和德清话关系相近。

树形图5-6显示的太湖片苏沪嘉小片可分为12个小的聚类，即［浦西中心城区、浦西周边］、［川沙、惠南］、［金山、奉贤］、［青浦、闵行、嘉定］、松江、宝山、［桐乡、崇德、海宁、嘉兴］、［平湖、海盐］、［常熟、张家港、无锡］、［苏州、吴江、太仓、昆山］、［崇明、启东］、［湖州、德清、武康、嘉善］，相比其他聚类，同一聚类里的方言之间关系更近一些。树图的第一层为［浦西中心城区、浦西周边、川沙、惠南、金山、奉贤、青浦、闵行、嘉定、松江、宝山、桐乡、崇德、海宁、嘉兴、平湖、海盐、常熟、张家港、无锡、苏州、吴江、太仓、昆山］、［崇明、启东、湖州、德清、武康、嘉善］；第二层为［浦西中心城区、浦西周边、川沙、惠南、金山、奉贤、青浦、闵行、嘉定、松江、宝山、桐乡、崇德、海宁、嘉兴、平湖、海盐］、［常熟、张家港、无锡、苏州、吴江、太仓、昆山］、［崇明、启东］、［湖州、德清、武康、嘉善］；第三层为［浦西中心城区、浦西周边、川沙、惠南、金山、奉贤、青浦、闵行、嘉定、松江、宝山、桐乡、崇德、海宁、嘉兴］、［平湖、海盐］、［常熟、张家港、无锡］、

第 5 章　吴语徽语江淮官话分类研究

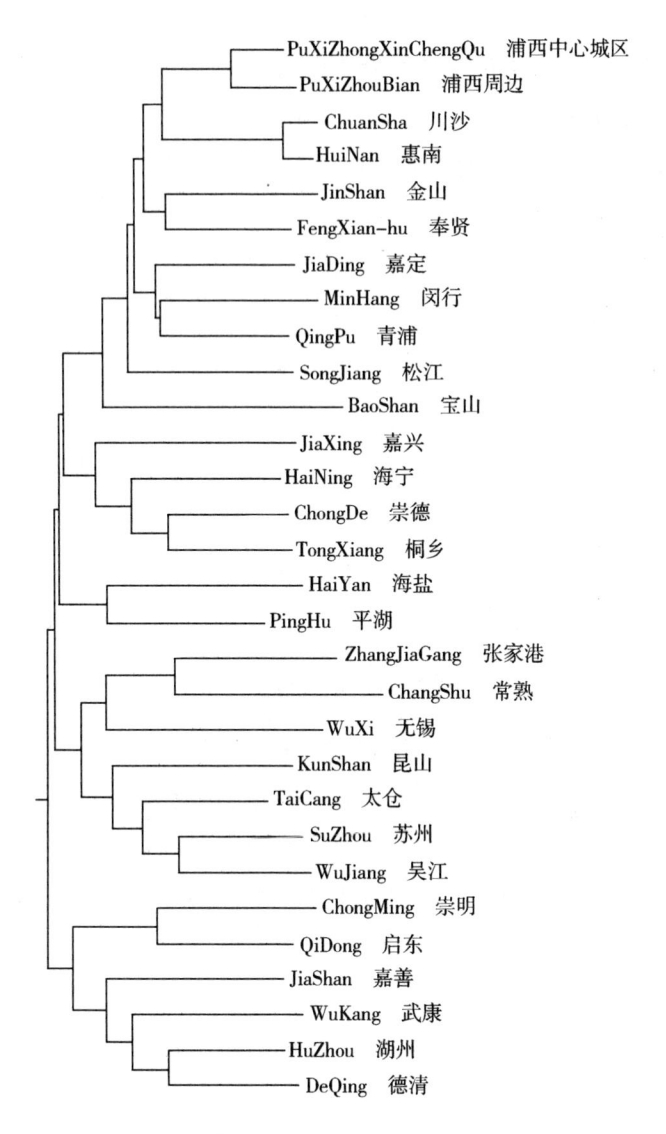

```
                    ┌─ PuXiZhongXinChengQu  浦西中心城区
                  ┌─┤
                  │ └─ PuXiZhouBian         浦西周边
                ┌─┤
                │ │ ┌─ ChuanSha             川沙
                │ └─┤
                │   └─ HuiNan               惠南
              ┌─┤
              │ │ ┌─ JinShan                金山
              │ └─┤
              │   └─ FengXian-hu            奉贤
            ┌─┤
            │ │ ┌─ JiaDing                  嘉定
            │ └─┤
            │   └─ MinHang                  闵行
          ┌─┤
          │ │ ┌─ QingPu                     青浦
          │ └─┤
          │   └─ SongJiang                  松江
        ┌─┤
        │ └──── BaoShan                     宝山
      ┌─┤
      │ │ ┌─ JiaXing                        嘉兴
      │ ├─┤
      │ │ └─ HaiNing                        海宁
      │ │ ┌─ ChongDe                        崇德
      │ └─┤
      │   └─ TongXiang                      桐乡
    ┌─┤
    │ │ ┌─ HaiYan                           海盐
    │ └─┤
    │   └─ PingHu                           平湖
  ┌─┤
  │ │     ┌─ ZhangJiaGang                   张家港
  │ │   ┌─┤
  │ │   │ └─ ChangShu                       常熟
  │ │ ┌─┤
  │ │ │ └─ WuXi                             无锡
  │ └─┤
  │   │ ┌─ KunShan                          昆山
  │   ├─┤
  │   │ └─ TaiCang                          太仓
  │   │ ┌─ SuZhou                           苏州
  │   └─┤
  │     └─ WuJiang                          吴江
──┤
  │   ┌─ ChongMing                          崇明
  │ ┌─┤
  │ │ └─ QiDong                             启东
  └─┤
    │ ┌─ JiaShan                            嘉善
    └─┤
      │ ┌─ WuKang                           武康
      └─┤
        │ ┌─ HuZhou                         湖州
        └─┤
          └─ DeQing                         德清
```

图 5-6　太湖片苏沪嘉小片

[苏州、吴江、太仓、昆山]；第四层为 [浦西中心城区、浦西周边、川沙、惠南、金山、奉贤、青浦、闵行、嘉定、松江、宝山]、[桐乡、崇德、海宁、嘉兴]；第五层为 [浦西中心城区、浦西周边、川沙、惠南、金山、奉贤、青浦、闵行、嘉定、松江]、宝山；第六层为 [浦西中心城区、浦西周边、川沙、惠南、金山、奉贤、青浦、闵行、嘉定]、松江；

第七层为［浦西中心城区、浦西周边、川沙、惠南、金山、奉贤］、［青浦、闵行、嘉定］；第八层为［浦西中心城区、浦西周边、川沙、惠南］、［金山、奉贤］；第九层为［浦西中心城区、浦西周边］、［川沙、惠南］。

（2）太湖片苕溪小片

由于这一聚类所包含方言与前人研究基本一致，故本片命名采用前人的命名形式，即太湖片苕溪小片。

就我们搜集的方言材料来说，本研究得到的太湖片苕溪小片的内部分类情况见图5-7。

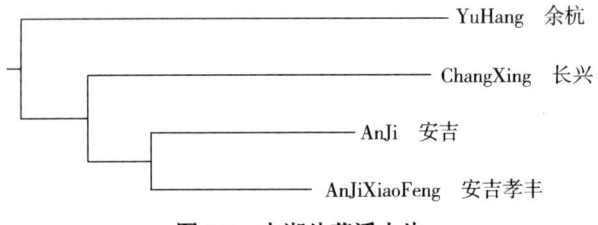

```
├─ YuHang 余杭
├─ ChangXing 长兴
├─ AnJi 安吉
└─ AnJiXiaoFeng 安吉孝丰
```

图5-7 太湖片苕溪小片

同一小族类里的语言关系比外族类的语言关系近。图5-7显示太湖片苕溪小片方言，安吉话和安吉孝丰话关系相近，次之是长兴话，再次之是余杭话。图5-7显示，安吉话和安吉孝丰话聚类在一起，说明安吉话在核心词汇上跟安吉孝丰话更相近；安吉话和安吉孝丰话的关系比和长兴、余杭更密切。

（3）太湖片临绍小片

由于这一聚类所包含方言与前人研究基本一致，故本片命名采用前人的命名形式，即太湖片临绍小片。

就我们搜集的方言材料来说，本研究得到的太湖片临绍小片的内部分类情况见图5-8。

同一小族类里的语言关系比外族类的语言关系近。图5-8显示太湖片临绍小片方言，上虞话和绍兴话关系相近，次之是临安话；余姚话和慈溪话关系相近；新昌话和嵊州话关系相近。相比新昌话和嵊州话，余姚话和慈溪话跟上虞话、绍兴话、临安话更近。

第5章 吴语徽语江淮官话分类研究

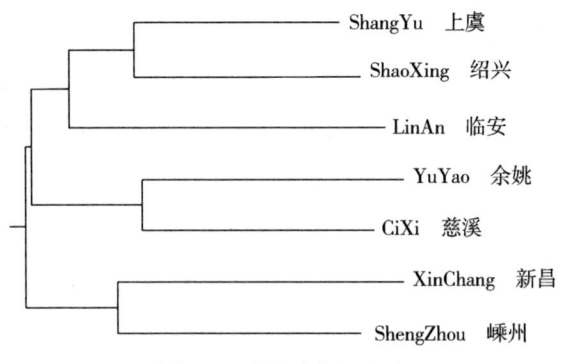

```
          ┌─── ShangYu    上虞
       ┌──┤
       │  └─── ShaoXing   绍兴
    ┌──┤
    │  └────── LinAn      临安
 ┌──┤
 │  │  ┌───── YuYao      余姚
─┤  └──┤
 │     └───── CiXi       慈溪
 │
 │     ┌───── XinChang   新昌
 └─────┤
       └───── ShengZhou  嵊州
```

图 5-8　太湖片临绍小片

树形图 5-8 显示的太湖片临绍小片可分为 3 个小的聚类，即［上虞、绍兴、临安］、［余姚、慈溪］、［新昌、嵊州］，相比其他聚类，同一聚类里的方言之间关系更近一些。树图的第一层为［上虞、绍兴、临安、余姚、慈溪］、［新昌、嵊州］；第二层为［上虞、绍兴、临安］、［余姚、慈溪］。

（4）太湖片甬江小片

由于这一聚类所包含方言与前人研究基本一致，故本片命名采用前人的命名形式，即太湖片甬江小片。

就我们搜集的方言材料来说，本研究得到的太湖片甬江小片的内部分类情况见图 5-9。

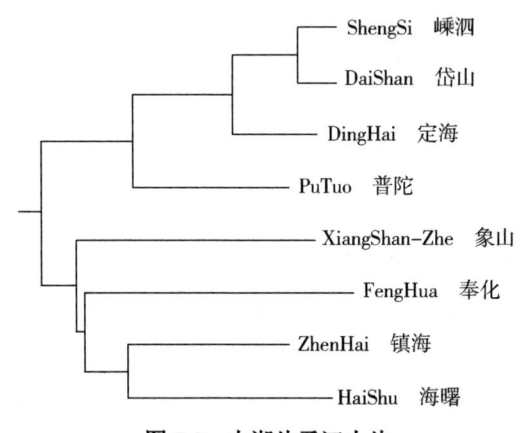

```
          ┌─── ShengSi     嵊泗
       ┌──┤
       │  └─── DaiShan     岱山
    ┌──┤
    │  └────── DingHai     定海
 ┌──┤
 │  └───────── PuTuo       普陀
─┤
 │     ┌───── XiangShan-Zhe 象山
 │  ┌──┤
 │  │  └───── FengHua      奉化
 └──┤
    │  ┌───── ZhenHai      镇海
    └──┤
       └───── HaiShu       海曙
```

图 5-9　太湖片甬江小片

同一小族类里的语言关系比外族类的语言关系近。图 5-9 显示太湖片甬江小片方言，嵊泗话和岱山话关系相近，次之是定海话，再之是普陀话；

镇海话和海曙话关系相近，次之是奉化话，再之是象山话。树形图5-9显示的太湖片甬江小片可分为2个小的聚类，即［嵊泗、岱山、定海、普陀］、［镇海、海曙、奉化、象山］，相比其他聚类，同一聚类里的方言之间关系更近一些。

（5）太湖片杭州小片

由于这一聚类所包含方言与前人研究基本一致，故本片命名采用前人的命名形式，即太湖片杭州小片。

就我们搜集的方言材料来说，本研究得到的太湖片杭州小片的内部分类情况见图5-10。

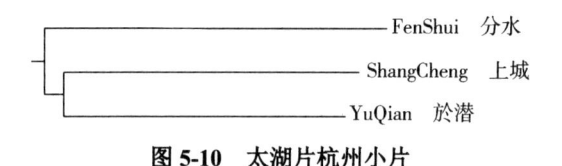

```
├──────────────── FenShui    分水
│     ┌────────── ShangCheng 上城
└─────┤
      └────────── YuQian     於潜
```

图 5-10　太湖片杭州小片

同一小族类里的语言关系比外族类的语言关系近。图5-10显示太湖片杭州小片方言，上城话和於潜话关系相近，次之是分水话。图5-10显示，上城话和於潜话聚类在一起，说明上城话在核心词汇上跟於潜话更相近；上城话和於潜话的关系比分水话更密切。

（6）太湖片毗陵小片

由于这一聚类所包含方言与前人研究基本一致，故本片命名采用前人的命名形式，即太湖片毗陵小片。

就我们搜集的方言材料来说，本研究得到的太湖片毗陵小片的内部分类情况见图5-11。

同一小族类里的语言关系比外族类的语言关系近。图5-11显示太湖片毗陵小片方言，海门话和海门四甲话关系相近；江阴话和常州话关系相近；金坛话和溧阳话关系相近。

树形图5-11显示的太湖片毗陵小片可分为3个小的聚类，即［海门、海门四甲、通州、靖江］、［江阴、常州］、［金坛、溧阳、宜兴］，相比其他聚类，同一聚类里的方言之间关系更近一些。树形图的第一层为［海门、

第5章 吴语徽语江淮官话分类研究

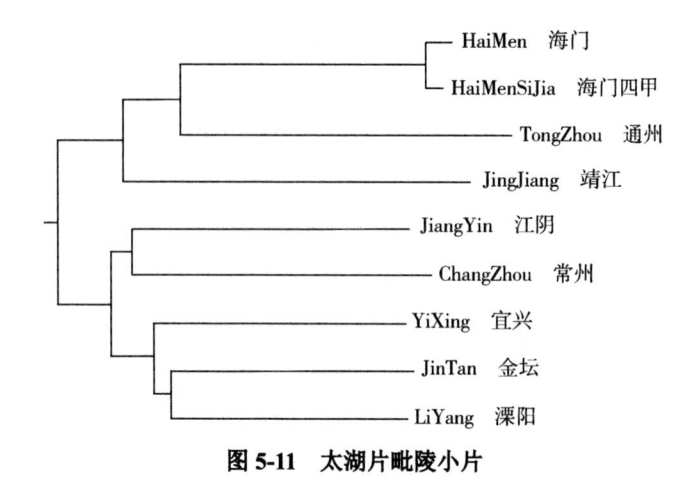

```
        ┌── HaiMen 海门
      ┌─┤
      │ └── HaiMenSiJia 海门四甲
    ┌─┤
    │ └──── TongZhou 通州
  ┌─┤
──┤ └────── JingJiang 靖江
  │
  │   ┌──── JiangYin 江阴
  │ ┌─┤
  │ │ └──── ChangZhou 常州
  └─┤
    │   ┌── YiXing 宜兴
    │ ┌─┤
    └─┤ └── JinTan 金坛
      │
      └──── LiYang 溧阳
```

图 5-11 太湖片毗陵小片

海门四甲、通州、靖江］、［江阴、常州、金坛、溧阳、宜兴］；第二层为［江阴、常州］、［金坛、溧阳、宜兴］。

（7）金衢片

本研究计量分析的结果把金华、衢州、丽水地区的方言分为金衢片和处衢片，"金衢片""处衢片"这个名字能更好地反映图 5-4 的方言聚类情况，从而能更好地显示方言的归属片以及反映方言之间的关系，具体阐述见 5.3.4 节，故本片命名为金衢片。

就我们搜集的方言材料来说，本研究得到的金衢片的内部分类情况见图 5-12。

同一小族类里的语言关系比外族类的语言关系近。图 5-16 显示金衢片方言，兰溪话和金华话关系相近；永康话和武义话关系相近；磐安话和东阳话关系相近；龙游话和衢江话关系相近。

树形图 5-12 显示的金衢片可分为 5 个小的聚类，即［兰溪、金华、汤溪］、［武义、永康］、浦江、［义乌、磐安、东阳］、［龙游、衢江］，相比其他聚类，同一聚类里的方言之间关系更近一些。树形图的第一层为［兰溪、金华、汤溪、武义、永康、浦江、义乌、磐安、东阳］、［龙游、衢江］；第二层为［兰溪、金华、汤溪、武义、永康、浦江］、［义乌、磐安、东阳］；第三层为［兰溪、金华、汤溪、武义、永康］、浦江；第四层为［兰溪、金华、汤溪］、［武义、永康］。

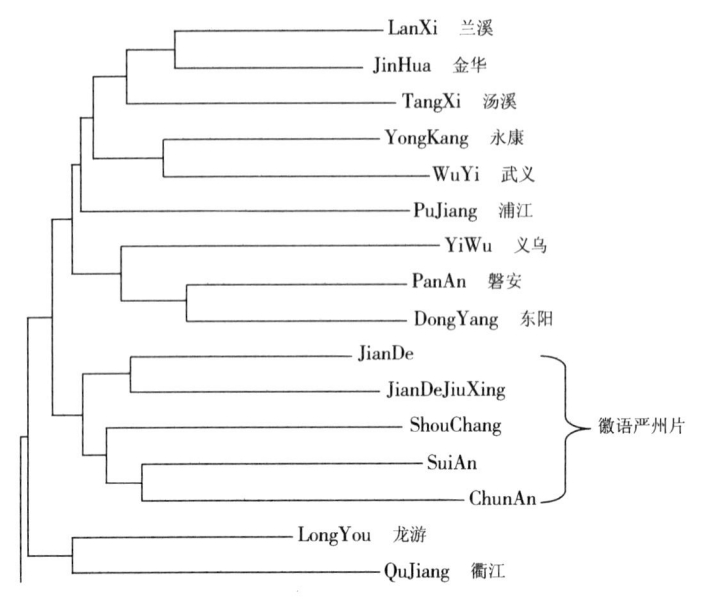

```
                    ┌─ LanXi      兰溪
                 ┌──┤
                 │  └─ JinHua     金华
              ┌──┤
              │  └───── TangXi    汤溪
              │     ┌─ YongKang   永康
           ┌──┤  ┌──┤
           │  │  │  └─ WuYi       武义
           │  │──┤
           │  │  └───── PuJiang   浦江
           │  │     ┌─ YiWu       义乌
        ┌──┤  └─────┤
        │  │        ├─ PanAn      磐安
        │  │        └─ DongYang   东阳
        │  │     ┌─ JianDe
        │  │     ├─ JianDeJiuXing
        │  └─────┤                          ⎫
        │        ├─ ShouChang                ⎬ 徽语严州片
   ─────┤        ├─ SuiAn                    ⎭
        │        └─ ChunAn
        │        ┌─ LongYou    龙游
        └────────┤
                 └─ QuJiang    衢江
```

图 5-12　金衢片

（8）台州片

由于这一聚类所包含方言与前人研究基本一致，故本片命名采用前人的命名形式，即台州片。

就我们搜集的方言材料来说，本研究得到的台州片的内部分类情况见图 5-13。

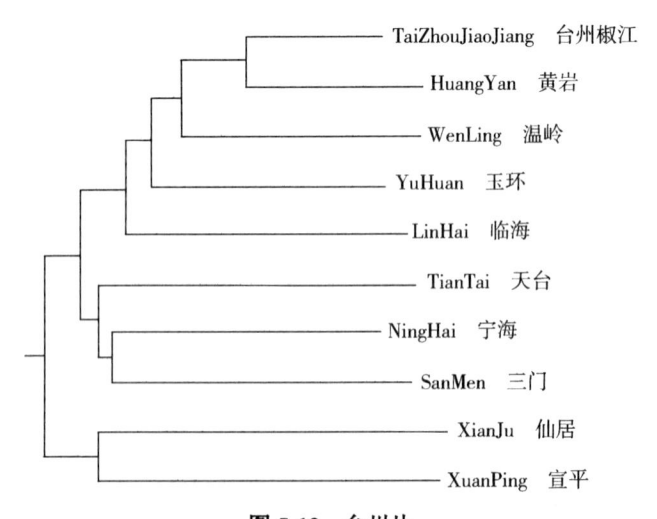

```
              ┌─ TaiZhouJiaoJiang  台州椒江
           ┌──┤
           │  └─ HuangYan          黄岩
        ┌──┤
        │  └───── WenLing          温岭
     ┌──┤
     │  └──────── YuHuan           玉环
     │
  ───┤──────────── LinHai           临海
     │        ┌─ TianTai           天台
     │     ┌──┤
     │  ┌──┤  └─ NingHai           宁海
     │  │  │
     ├──┤  └───── SanMen            三门
     │  │
     │  └──────── XianJu            仙居
     │
     └─────────── XuanPing          宣平
```

图 5-13　台州片

第5章 吴语徽语江淮官话分类研究

同一小族类里的语言关系比外族类的语言关系近。图5-17显示台州片方言，台州椒江话和黄岩话关系相近；宁海话和三门话关系相近；仙居话和宣平话关系相近。

树形图5-13显示的台州片可分为3个小的聚类，即［台州椒江、黄岩、温岭、玉环、临海］、［天台、宁海、三门］、［仙居、宣平］，相比其他聚类，同一聚类里的方言之间关系更近一些。树形图的第一层为［台州椒江、黄岩、温岭、玉环、临海、天台、宁海、三门］、［仙居、宣平］；第二层为［台州椒江、黄岩、温岭、玉环、临海］、［天台、宁海、三门］。

（9）瓯江片

由于这一聚类所包含方言与前人研究基本一致，故本片命名采用前人的命名形式，即瓯江片。

就我们搜集的方言材料来说，本研究得到的瓯江片的内部分类情况见图5-14。

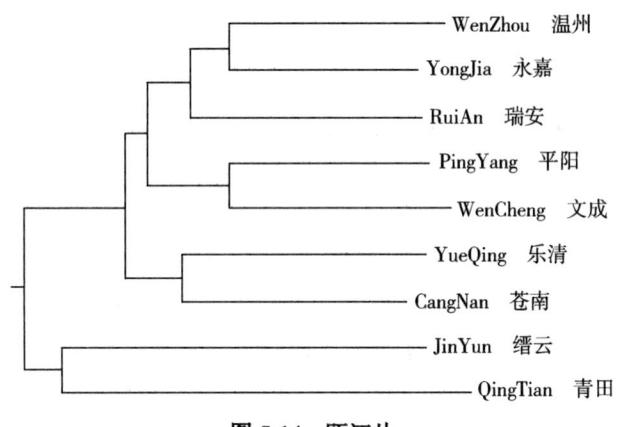

图5-14　瓯江片

同一小族类里的语言关系比外族类的语言关系近。图5-14显示瓯江片方言，温州话和永嘉话关系相近；平阳话和文成话关系相近；乐清话和苍南话关系相近；缙云话和青田话关系相近。

树形图5-14显示的瓯江片可分为4个小的聚类，即［温州、永嘉、瑞安］、［平阳、文成］、［乐清、苍南］、［缙云、青田］，相比其他聚类，同一聚类里的方言之间关系更近一些。树形图的第一层为［温州、永嘉、瑞安、平阳、文成、乐清、苍南］、［缙云、青田］；第二层为［温州、永嘉、瑞安、平阳、文成］、［乐清、苍南］；第三层为［温州、永嘉、瑞安］、［平阳、文成］。

（10）处衢片处州小片

由于这一聚类所包含方言与《中国语言地图集》（1987）处衢片处州小片基本一致，故本片命名采用前人的命名形式，即处衢片处州小片。

就我们搜集的方言材料来说，本研究得到的处衢片处州小片的内部分类情况见图 5-15。

```
├── YunHe    云和
├── LianDu   莲都
├── ZheJiangJingNing  浙江景宁
├── TaiShunWuYu       泰顺吴语
├── QingYuan          ┐
├── LongQuan          │
├── SongYang          │
├── SuiChang          ├─ 处衢片龙衢小片
├── JiangShan         │
├── KaiHua            │
└── ChangShan         ┘
```

图 5-15 处衢片处州小片

同一小族类里的语言关系比外族类的语言关系近。图 5-15 显示处衢片处州小片方言，云和话和莲都话关系相近；浙江景宁话和泰顺吴语关系相近。

树形图 5-15 显示的处衢片处州小片可分为 2 个小的聚类，即［云和、莲都］、［浙江景宁、泰顺吴语］，相比其他聚类，同一聚类里的方言之间关系更近一些。

（11）处衢片龙衢小片

由于这一聚类所包含方言与《中国语言地图集》（1987）处衢片龙衢小片基本一致，故本片命名采用前人的命名形式，即处衢片龙衢小片。

就我们搜集的方言材料来说，本研究得到的处衢片龙衢小片的内部分类情况见图 5-16。

第5章 吴语徽语江淮官话分类研究

```
├─ YunHe
├─ LianDu          ┐
├─ ZheJiangJingNing │ 处衢片处州小片
└─ TaiShunWuYu     ┘
├─ QingYuan    庆元
├─ LongQuan    龙泉
├─ SongYang    松阳
├─ SuiChang    遂昌
├─ JiangShan   江山
├─ KaiHua      开化
└─ ChangShan   常山
```

图 5-16　处衢片龙衢小片

同一小族类里的语言关系比外族类的语言关系近。图 5-16 显示处衢片龙衢小片方言，庆元话和龙泉话关系相近，次之是松阳话；遂昌话和江山话关系相近；开化话和常山话关系相近。

树形图 5-16 显示的处衢片龙衢小片可分为 3 个小的聚类，即［庆元、龙泉、松阳］、［遂昌、江山］、［开化、常山］，相比其他聚类，同一聚类里的方言之间关系更近一些。树形图的第一层为［庆元、龙泉、松阳］、［遂昌、江山、开化、常山］；第二层为［遂昌、江山］、［开化、常山］。

（12）宣州片

由于这一聚类所包含方言与前人研究基本一致，故本片命名采用前人的命名形式，即宣州片。

就我们搜集的方言材料来说，本研究得到的宣州片的内部分类情况见图 5-17。

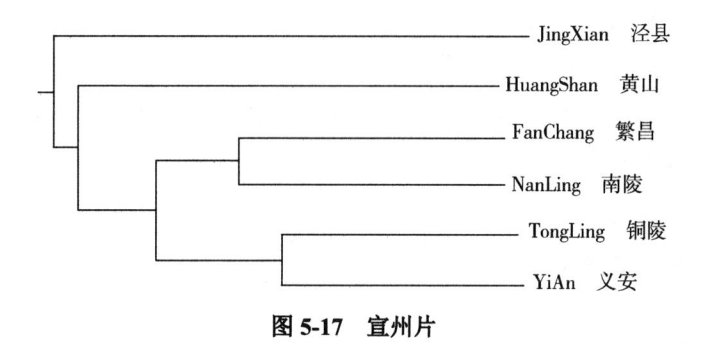

```
├─ JingXian    泾县
├─ HuangShan   黄山
├─ FanChang    繁昌
├─ NanLing     南陵
├─ TongLing    铜陵
└─ YiAn        义安
```

图 5-17　宣州片

同一小族类里的语言关系比外族类的语言关系近。图 5-17 显示宣州片方言，繁昌话和南陵话关系相近；铜陵话和义安话关系相近。繁昌话和南陵话聚类在一起，说明繁昌话在核心词汇上跟南陵话更相近；铜陵话和义安话也是如此。繁昌话和南陵话的关系、铜陵话和义安话的关系比和黄山话、泾县话更密切。

2. 徽语

（1）徽语严州片

由于这一聚类所包含方言与前人研究基本一致，故本片命名采用前人的命名形式，即徽语严州片。

就我们搜集的方言材料来说，本研究得到的徽语严州片的内部分类情况见图 5-18。

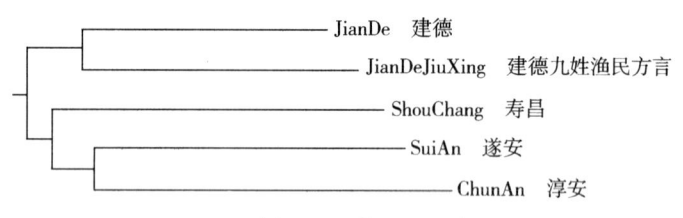

```
├── JianDe 建德
├── JianDeJiuXing 建德九姓渔民方言
├── ShouChang 寿昌
├── SuiAn 遂安
└── ChunAn 淳安
```

图 5-18　徽语严州片

同一小族类里的语言关系比外族类的语言关系近。图 5-18 显示徽语严州片方言，建德话和建德九姓渔民方言关系相近；遂安话和淳安话关系相近，次之是寿昌话。

树形图 5-18 显示的徽语严州片可分为 2 个小的聚类，即［建德、建德九姓渔民方言］、［寿昌、遂安、淳安］，相比其他聚类，同一聚类里的方言之间关系更近一些。

（2）徽语黄山宣城（部分）

这一聚类主要以黄山、宣城地区部分方言为主，为了便于阐述方言分类情况，特命名为徽语黄山宣城（部分）。

就我们搜集的方言材料来说，本研究得到的徽语黄山宣城（部分）的内部分类情况见图 5-19。

第5章 吴语徽语江淮官话分类研究

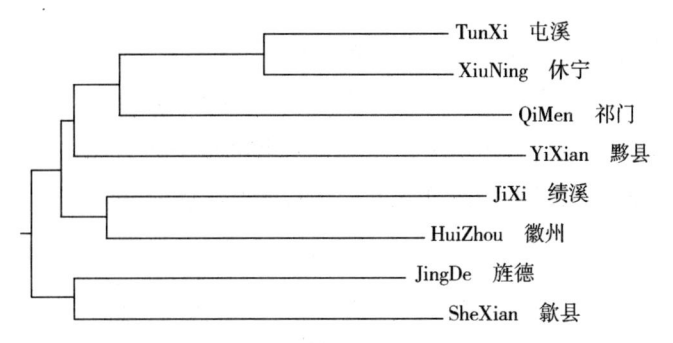

```
┌─── TunXi    屯溪
│  └─── XiuNing  休宁
├────── QiMen    祁门
├────── YiXian   黟县
├────── JiXi     绩溪
├────── HuiZhou  徽州
├────── JingDe   旌德
└────── SheXian  歙县
```

图 5-19　徽语黄山宣城（部分）

同一小族类里的语言关系比外族类的语言关系近。图 5-19 显示徽语黄山宣城（部分）片方言，屯溪话和休宁话关系相近，次之是祁门话，再之是黟县话；绩溪话和徽州话关系相近；旌德话和歙县话关系相近。

树形图 5-19 显示的徽语黄山宣城（部分）片可分为 3 个小的聚类，即 [屯溪、休宁、祁门、黟县]、[绩溪、徽州]、[旌德、歙县]，相比其他聚类，同一聚类里的方言之间关系更近一些。树形图的第一层为 [屯溪、休宁、祁门、黟县、绩溪、徽州]、[旌德、歙县]；第二层为 [屯溪、休宁、祁门、黟县]、[绩溪、徽州]。

3. 江淮官话

（1）连阳片

这一聚类包括连云港地区的城区、灌云、灌南，外加宿迁地区的泗阳、沭阳，将这一聚类命名为连阳片，以连云港的"连"和泗阳、沭阳的"阳"二字概括，是为得之。

就我们搜集的方言材料来说，本研究得到的连阳片的内部分类情况见图 5-20。

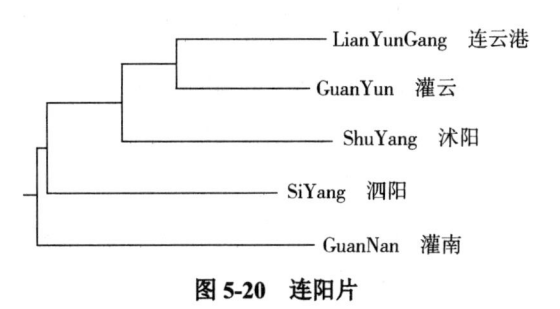

```
┌─── LianYunGang  连云港
│  └─── GuanYun      灌云
├────── ShuYang      沭阳
├────── SiYang       泗阳
└────── GuanNan      灌南
```

图 5-20　连阳片

同一小族类里的语言关系比外族类的语言关系近。图 5-20 显示江淮官话连阳片里，连云港话和灌云话关系相近，接着是沭阳话，次之是泗阳话，再次之是灌南话。图 5-20 显示，连云港话和灌云话聚类在一起，说明连云港话在核心词汇上跟灌云话更相近；连云港话和灌云话的关系比沭阳话、泗阳话、灌南话更密切。

《江苏省志·方言志》（1998）将本片方言划入一个较大的扬淮片，内部未再细分。《中国语言地图集》（1987）和《中国语言地图集》（2012）将本片方言划入一个较大的洪巢片，内部也未再细分。

本研究将前人研究划分的较大的扬淮片细分为连阳片、淮扬镇片、盐城片，见图 5-4。这是传统分类所没有做到的，传统分类未细分江淮官话各方言的较小的聚类和关系程度。

（2）合肥六安南京片

这一聚类主要以合肥、六安、南京地区方言为主，为了便于阐述方言分类情况，特命名为合肥六安南京片。

就我们搜集的方言材料来说，本研究得到的合肥六安南京片的内部分类情况见图 5-21。

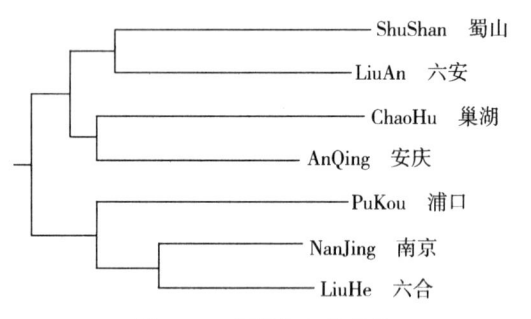

图 5-21　合肥六安南京片

同一小族类里的语言关系比外族类的语言关系近。图 5-21 显示合肥六安南京片里，南京话和六合话关系相近，次之是浦口话；巢湖话和安庆话关系相近；蜀山话和六安话关系相近。

树形图 5-21 显示的合肥六安南京片可分为 3 个小的聚类，即［南京、六合、浦口］、［巢湖、安庆］、［蜀山、六安］，相比其他聚类，同一聚

第5章 吴语徽语江淮官话分类研究

类里的方言之间关系更近一些。树形图的第一层为［南京、六合、浦口］、［巢湖、安庆、蜀山、六安］；第二层为［巢湖、安庆］、［蜀山、六安］。

（3）黄孝片（部分）

由于这一聚类所包含方言与前人研究基本一致，故本片命名采用前人的命名形式，为了便于阐述方言分类情况，特命名为黄孝片（部分），也就是说，这一聚类的方言是前人研究的黄孝片方言的一部分，非全部。

就我们搜集的方言材料来说，本研究得到的黄孝片（部分）的内部分类情况见图5-22。

图 5-22　黄孝片（部分）

同一小族类里的语言关系比外族类的语言关系近。图5-22显示黄孝片（部分）里，池州话和枞阳话关系相近，次之是桐城话，再之是青阳话。图5-22显示，池州话和枞阳话聚类在一起，说明池州话在核心词汇上跟枞阳话更相近；池州话和枞阳话的关系比桐城话、青阳话更密切。

（4）宣城马鞍山芜湖片

这一聚类主要以宣城、马鞍山、芜湖地区方言为主，为了便于阐述方言分类情况，特命名为宣城马鞍山芜湖片。

就我们搜集的方言材料来说，本研究得到的宣城马鞍山芜湖片的内部分类情况见图5-23。

图 5-23　宣城马鞍山芜湖片

同一小族类里的语言关系比外族类的语言关系近。图 5-23 显示宣城马鞍山芜湖片里，宣城话和广德话关系相近，次之是无为话；郎溪话和镜湖话关系相近。

树形图 5-23 显示的宣城马鞍山芜湖片含有 2 个小的聚类，即［宣城、广德、无为］、［郎溪、镜湖］，相比其他聚类，同一聚类里的方言之间关系更近一些。马鞍山话、芜湖话单列一支，说明它们与其他方言具有不同的演变结果。

（5）泰如片

由于本片所包含方言与前人研究基本一致，故本片命名采用前人的命名形式，即泰如片，"泰"指泰州市各点，"如"指南通市如皋、如东等地。需要说明的是，前人研究中，有学者将本片方言命名为通泰片。从图 5-4、图 5-24 的方言聚类情况来看，南通方言单列一支，未聚类到图 5-24 中；图 5-24 的聚类只包含了南通地区的部分方言。所以，我们认为"泰如片"这个名字比"通泰片"更合适，能更好地显示方言的归属片以及表达方言之间的关系。

就我们搜集的方言材料来说，本研究得到的泰如片的内部分类情况见图 5-24。

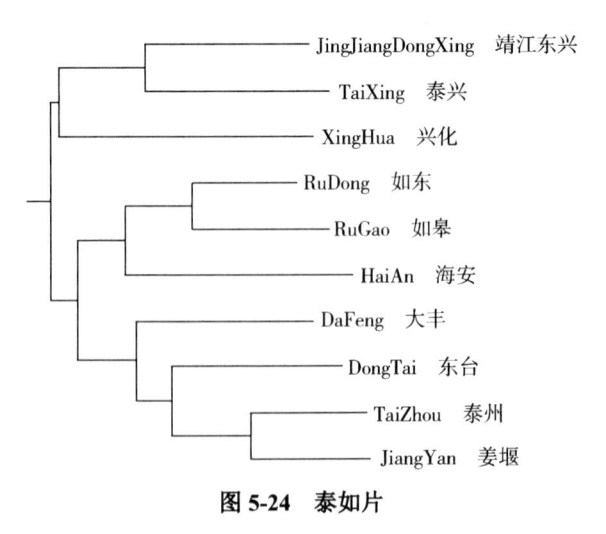

图 5-24 泰如片

同一小族类里的语言关系比外族类的语言关系近。图 5-24 显示泰如片

第 5 章　吴语徽语江淮官话分类研究

里，如东话和如皋话关系相近，次之是海安话；姜堰话和泰州话关系相近，次之是东台话，再之是大丰话；泰兴话和靖江东兴话关系相近，次之是兴化话。

树形图 5-24 显示的泰如片可分为 3 个小的聚类，即［泰兴、靖江东兴、兴化］、［海安、如东、如皋］、［姜堰、泰州、东台、大丰］，相比其他聚类，同一聚类里的方言之间关系更近一些。树形图的第一层为［泰兴、靖江东兴、兴化］、［海安、如东、如皋、姜堰、泰州、东台、大丰］；第二层为［海安、如东、如皋］、［姜堰、泰州、东台、大丰］。

（6）盐城片

这一聚类主要以盐城地区方言为主，为了便于阐述方言分类情况，故命名为盐城片。

就我们搜集的方言材料来说，本研究得到的盐城片的内部分类情况见图 5-25。

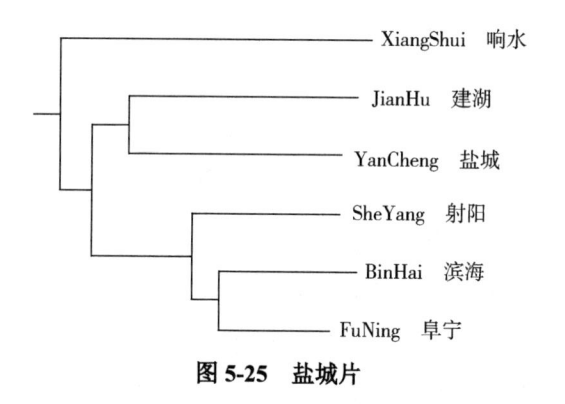

图 5-25　盐城片

同一小族类里的语言关系比外族类的语言关系近。图 5-25 显示盐城片里，滨海话和阜宁话关系相近，次之是射阳话；建湖话和盐城话关系相近。

树形图 5-25 显示的盐城片含有 2 个小的聚类，即［滨海、阜宁、射阳］、［建湖、盐城］，相比其他聚类，同一聚类里的方言之间关系更近一些。响水话单列一支，说明它与其他方言具有不同的演变结果。

（7）淮扬镇片

这一聚类主要以淮安、扬州、镇江地区方言为主，为了便于阐述方言分类情况,故命名为淮扬镇片。

就我们搜集的方言材料来说,本研究得到的淮扬镇片的内部分类情况见图 5-26。图 5-26 显示淮扬镇片可分为两个小片,一个小片主要以淮安地区方言为主,故命名为淮安小片;一个小片主要以扬州、镇江地区方言为主,故命名为扬镇小片。

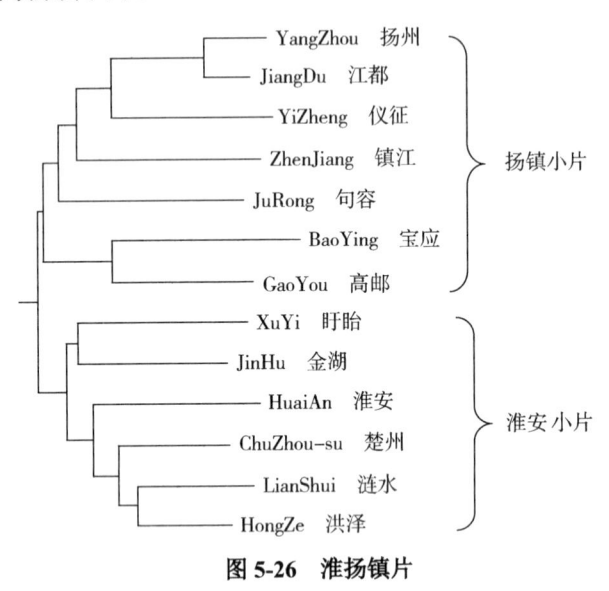

```
┌─── YangZhou  扬州
│    JiangDu   江都
│    YiZheng   仪征        ⎫
│    ZhenJiang 镇江        ⎬ 扬镇小片
│    JuRong    句容        ⎭
│    BaoYing   宝应
│    GaoYou    高邮
│    XuYi      盱眙        ⎫
│    JinHu     金湖        │
│    HuaiAn    淮安        ⎬ 淮安小片
│    ChuZhou-su 楚州       │
│    LianShui  涟水        │
└─── HongZe    洪泽        ⎭
```

图 5-26　淮扬镇片

同一小族类里的语言关系比外族类的语言关系近。图 5-26 显示淮扬镇片淮安小片里,涟水话和洪泽话关系相近,次之是楚州话,再之是淮安话;盱眙话和金湖话关系相近。图 5-26 显示淮扬镇片扬镇小片里,宝应话和高邮话关系相近;扬州话和江都话关系相近,接着是仪征话,次之是镇江话,再次之是句容话。

《江苏省志·方言志》(1998)将本片方言划入一个较大的扬淮片,内部未再细分。《中国语言地图集》(1987)和《中国语言地图集》(2012)将本片方言划入一个较大的洪巢片,内部也未再细分。

本研究将前人划分的较大的扬淮片细分为连阳片、淮扬镇片、盐城片,见图 5-4,这是传统分类所没有做到的,传统分类未细分江淮官话各方言的较小的聚类和关系程度。树形图 5-26 显示的淮扬镇片淮安小片可分为 2 个小的聚类，即［盱眙、金湖］、［淮安、楚州、涟水、洪泽］；淮扬镇片扬镇小片可分为 2 个小的聚类，即［宝应、高邮］、［扬州、江都、仪征、镇江、句容］，相比其他聚类，同一聚类里的方言之间关系更近一些。

上述关于吴语、徽语和江淮官话内部的层次关系是传统分类所没有做到的，传统分类未细分吴语、徽语和江淮官话内各方言的较小的聚类和关系程度。对比前人研究，本研究结果还表达了其他大量的信息，如方言间的亲疏远近程度以及和整体之间的相互关系等。

5.3.3 徽语的归属

汉语方言的分区，一直是方言研究的重点问题。有很多学者对方言的分区做出过研究，但是结论却不尽相同。其中，徽语是否应该独立出来是比较有争议的问题之一。

首先，我们来看下，前人研究的徽语在图 5-4 中的聚类情况，我们将其截图出来分别见图 5-27 和图 5-28。

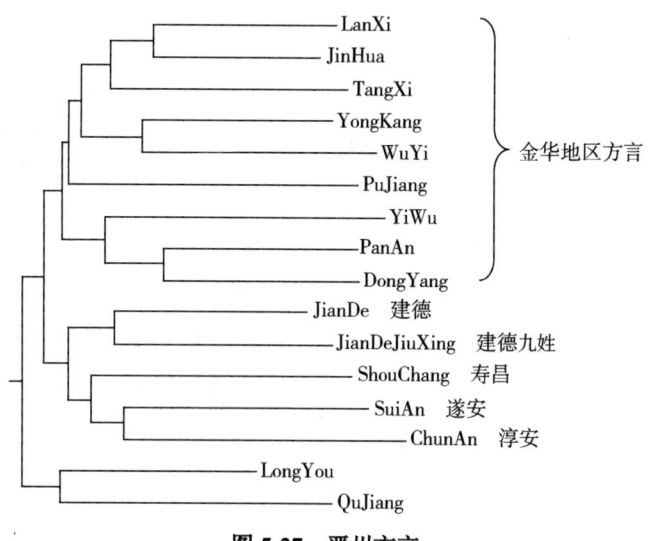

图 5-27 严州方言

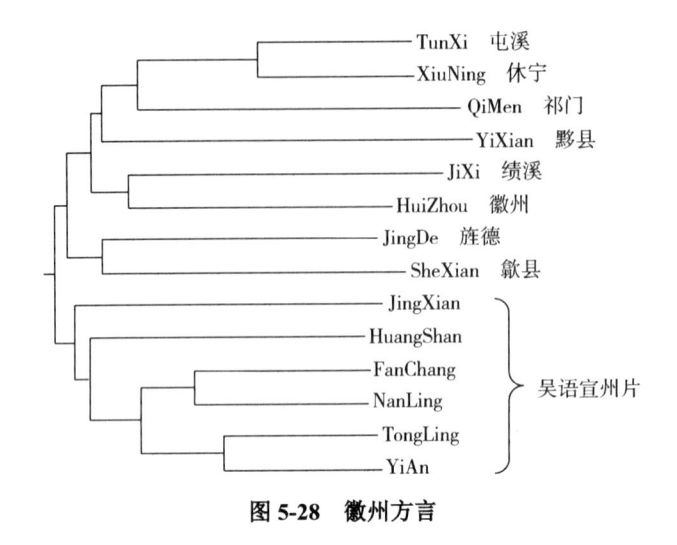

```
                    ┌── TunXi    屯溪
                  ┌─┤
                  │ └── XiuNing  休宁
                ┌─┤
                │ └──── QiMen    祁门
              ┌─┤
              │ └────── YiXian   黟县
            ┌─┤
            │ └──────── JiXi     绩溪
          ┌─┤
          │ └────────── HuiZhou  徽州
         ─┤
          │ ┌────────── JingDe   旌德
          └─┤
            └────────── SheXian  歙县
              ┌──────── JingXian  ┐
              ├──────── HuangShan │
              ├──────── FanChang  ├ 吴语宣州片
              ├──────── NanLing   │
              ├──────── TongLing  │
              └──────── YiAn      ┘
```

图 5-28　徽州方言

曹志耘在《徽语严州方言研究》中谈到"严州地区（指原淳安、遂安、建德、寿昌四县，今淳安、建德二县市）位于北纬 29°11′—30°02′、东经 118°20′—119°45′之间""严州地区的方言大致上可分为淳安话、遂安话、建德话、寿昌话四种土话"①。赵日新（2005）提到"徽语分布于新安江流域的旧徽州府包括今属江西省的婺源，浙江的旧严州府淳安、建德、遂安、寿昌四县（1958 年，淳安、遂安合并为淳安县，寿昌县并入建德县）和临安浙川（绩溪移民聚居形成的方言岛），以及江西的德兴、旧浮梁县今属景德镇市等地，计十九个县市区，位于整个皖南地区的南部"②。陈瑶《徽州方言音韵研究》一文提到"徽州方言指分布在皖南地区旧徽州府六县（绩溪、歙县、休宁、黟县、祁门、婺源）的方言"③。王福堂《汉语方言论集》也提到"徽州方言指分布在皖南地区旧徽州府歙县、绩溪、休宁、屯溪、黟县、祁门、婺源（现属江西）等地的方言"④。平田昌司《徽州方言研究》记录了徽州地区绩溪、歙县、屯溪、休宁、黟县、祁门（安徽省）和婺源（江西省）7 个地点的方言材料。他依据自己的研究和曹志耘《严州方言研究》的成果，把徽州方言和严州方言分开，提出："徽州方言是相对接近长江中游流域

---

① 曹志耘：《徽语严州方言研究》，北京语言大学出版社 2017 年版，第 11 页。
② 赵日新：《徽语的特点和分区》，《方言》2005 年第 3 期。
③ 陈瑶：《徽州方言音韵研究》，博士学位论文，福建师范大学，2009 年。
④ 王福堂：《汉语方言论集》，商务印书馆 2010 年版，第 80 页。

第 5 章 吴语徽语江淮官话分类研究

方言的一种混合性方言;而严州方言是在吴语的基础上形成的过渡性方言。"①综合上述分析,图 5-27 的聚类基本反映了前人关于严州方言的研究情况,图 5-28 的聚类基本反映了前人关于徽州方言的研究情况,故而我们将图 5-27 命名为严州方言,将图 5-28 命名为徽州方言。并且,图 5-27 和图 5-28 的聚类情况是分开的,计量研究的结果跟平田昌司倾向于把两地方言(徽州方言和严州方言)分开讨论的观点是一致的。同时计量研究表明,图 5-27 的严州方言跟金华地区方言关系相近,图 5-28 的徽州方言跟吴语宣州片关系相近,这一结果与前人研究基本一致,具体分析见 5.3.1 后半段的阐述。徽州方言和严州方言更完整、更大范围的聚类情况详见图 5-4。

现在我们再来看,徽州方言和严州方言在整个图 5-4 中的聚类情况,将其层次关系用可视化方式表示出来,见图 5-29。通过观察图 5-29,我们发现,一是徽语比较清晰地形成两个聚类,这一点上一段已有分析,不再赘述,同时,徽语除了形成两个聚类之外,这两个聚类还分属不同的分支,并且跟吴语的不同小片很好地聚类到了一起;二是图 5-29 的层次关系情况显示徽州方言和严州方言与吴语关系密切,是吴语的小片。徽语脱胎于古吴语,徽语跟吴语有诸多语音共同点,而且在地理上相邻,地域上连成一片,历史上又经常保持密切的联系,结合图 5-4 和图 5-29 的方言聚类情况,我们觉得把徽语划归吴语,成为吴语的一个小片,也许是较为可行的处理方式。

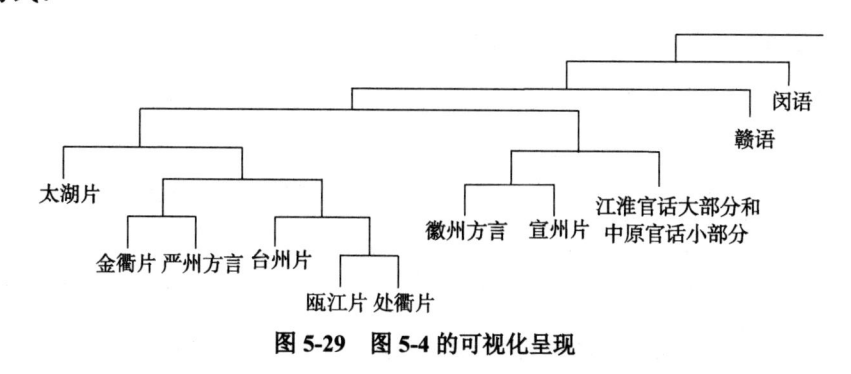

图 5-29 图 5-4 的可视化呈现

---

① 平田昌司:《徽州方言研究》,日本:好文出版社 1998 年版,第 26 页。

综上所述，我们建议不把徽语独立出来，将其划归吴语。赵元任（1962）认为："以重音类、轻音值，徽州方言可以认为是吴语的一种。"①项梦冰、曹晖（2005）根据东南方言的划分、徽语和吴语的不可分割性、徽语跟南部方言的深层联系以及徽语和吴语在地理上的一体性，认为"把徽语归入吴语显然是一种可取的处理，将徽语并入吴语无疑是最佳选项"②。谢奇勇、邓玉荣（2020）提到"徽语是古吴越语的一个分支，与吴语关系密切，学者多主张划分作吴语徽州片，可归入广义上的吴语"③。赵日新（2001）讨论徽语的形成特点，将徽语跟周边的吴语、江淮官话和赣语进行比较，指出徽语的底子是古吴语。所以从发生学角度来看，即便徽语在后期的发展中受其他方言特别是权威方言的影响而混入了其他方言的一些特点，或各自独立发展出一些新的特点，但这些特点还不足以使徽语"官话化"，徽语是受官话影响较大的吴语。可以归入吴语，成为吴语的"徽严片"④。王福堂（2004）在讨论了徽州方言的语音特点和徽州方言的历史的基础上，对其性质和归属进行了分析，认为："徽州方言在分区中曾有过独立成区和分别归入吴、赣、江淮官话的各种处理。这是因为方言的内部分歧和相邻方言的不同影响使它具有了混合语的性质，变得难以归类。但联系方言中古浊声母清化后早期的音值来看，徽州方言还是以归入吴方言为宜。""如果归入吴方言，成为吴方言中的一个次方言或土语群，也许是最为合适的归属。"⑤曹志耘在《南部吴语语音研究》一书中谈到"通过近几年的思考，笔者现在倾向于把徽语和吴语合起来，严州方言是其中一部分"⑥。王福堂在《汉语方言论集》中也提到"近年来，曹志耘、平田昌司等对徽州方言和严州方言进行了全面的调查，认为至少严州方言仍然可以归属吴

---

① 赵元任：《绩溪岭北音系》，《故院长胡适先生纪念论文集》（上册），载《历史语言研究所集刊》（第三十四本），中华书局1962年版，第27—30页。
② 项梦冰、曹晖：《汉语方言地理学》，中国文史出版社2005年版，第141页。
③ 谢奇勇、邓玉荣：《土话平话与濒危汉语方言研究》，湖南师范大学出版社2020年版，第276页。
④ 赵日新：《徽语跟周围方言的关系——兼谈徽语的归属》，《第二届国际吴方言学术研讨会论文集》，2001年。
⑤ 王福堂：《徽州方言的性质和归属》，《中国语文研究》2004年第1期。
⑥ 曹志耘：《南部吴语语音研究》，商务印书馆2002年版，第7页。

第 5 章 吴语徽语江淮官话分类研究

方言"[①]。陈瑶（2009）在分析声韵调的基础上也讨论了徽语的归属问题，认为："从吴语和徽语的共同基础、共同历史背景出发，把吴徽语合成一个大区，然后再适当考虑语言的异同，下分成几个次方言片，这也许是比较合适的处理方法。"[②]曹志耘《吴徽语入声演变的方式》[③]、黄晓东《吴徽语古上声的演变》[④]、栗华益《汉语方言入声韵尾演变研究述评》[⑤]等更是直接采用了吴徽语这一框架进行专题研究。陈浩《吴语与江淮官话语音比较研究》依据赵元任先生"以音类为重，音值为轻"的标准，将徽语视为吴语的一种，增列吴语徽州片进行研究[⑥]。本研究的树形图显示的方言聚类情况跟上述学者的定性研究结果基本上是一致的。

既然我们支持把徽语划归吴语，成为吴语的一个小片，那么我们再来看看小片命名的问题。我们先来看看前人研究的相关情况，他们直接以"严州片""徽州片"称呼。钱乃荣（2017）是这样描述的，"在吴语中，依据语言的相似度，可以分为 8 个次方言区，他们是：太湖片、台州片、瓯江片、婺州片、处衢片、宣州片、严州片、徽州片"[⑦]。盛益民等（2017）在选取方言点样本时这样描述，"徽语：严州片（4）据曹志耘（1996），徽州片（7）据平田昌司主编（1998）"[⑧]。

最后，结合图 5-4、图 5-27、图 5-28、图 5-29 的徽语聚类情况，参照前人研究的相关情况、吴语其他小片的命名情况以及上面的分析与阐述，我们将徽语分成两个小片，分别命名为吴语的"严州片"和"徽州片"，严州方言归属吴语"严州片"，徽州方言归属吴语"徽州片"。

---

① 王福堂：《汉语方言论集》，商务印书馆 2010 年版，第 81 页。
② 陈瑶：《徽州方言音韵研究》，博士学位论文，福建师范大学，2009 年。
③ 曹志耘：《吴徽语入声演变的方式》，《中国语文》2002 年第 5 期。
④ 黄晓东：《吴徽语古上声的演变》，《东方语言学》2014 年第 1 期。
⑤ 安徽大学汉字发展与应用研究中心编：《汉语言文字研究》（第二辑），上海古籍出版社 2018 年版，第 192—221 页。
⑥ 陈浩：《吴语与江淮官话语音比较研究》，硕士学位论文，安徽大学，2014 年。
⑦ 钱乃荣：《上海话的前世今生》，上海书店出版社 2017 年版，第 1—2 页。
⑧ 盛益民等：《汉语方言中古端组声以塞擦化的蕴含共性及解释》，刘丹青、陆丙甫主编《语言类型学集刊》（第 1 辑），世界图书出版有限公司北京分公司 2017 年版，第 441 页。

5.3.4 吴语的分片

《中国语言地图集》（1987）将吴语划分为六个片：太湖片、台州片、婺州（金华）片、处衢片、瓯江片、宣州片。其中太湖片细分为6个小片：苏沪嘉小片、苕溪小片、临绍小片、甬江小片、杭州小片、毗陵小片。《中国语言地图集》（2012）将吴语划分为六个片：太湖片、台州片、金衢片、上丽片、瓯江片、宣州片。其中太湖片细分为 6 个小片：苏嘉湖小片、上海小片、临绍小片、甬江小片、杭州小片、毗陵小片。对比两版地图集，吴语主要有两处变化：一是，《中国语言地图集》（2012）把《中国语言地图集》（1987）苏沪嘉小片划变为苏州、嘉兴连同浙江湖州方言（《中国语言地图集》（1987）版属吴语太湖片苕溪小片）归为太湖片苏嘉湖小片，而上海地区方言则独立为太湖片上海小片；二是，《中国语言地图集》（2012）把衢州、龙游、缙云三点从处衢片分出归入婺州片而另称金衢片。下面分别讨论下这两处变化。

（1）本研究计量分析的结果支持《中国语言地图集》（1987）划分的苏沪嘉小片方案。

将图 5-4 中涉及上海、苏州、嘉兴、湖州等地区方言的聚类情况截取出来，见图 5-30。图 5-30 显示，上海地区方言和嘉兴地区方言聚类在一起，然后二者整体跟苏州地区方言聚类，最后三者整体跟湖州地区方言聚类，四者合起来整体形成一个聚类。同一小族类里的方言关系比外族类的方言关系近，图 5-30 的聚类关系表明四个地区的方言，上海地区方言和嘉兴地区方言关系最近，次之是苏州地区方言，再次之是湖州地区方言。所以，我们认为"苏沪嘉"这个名字比"苏嘉湖"更合适，能更好地显示方言的归属片以及反映方言之间的关系。对此，钱乃荣（2006）认为，"100 年前的上海方言区地域是在嘉兴方言区里的""淞南地域的方言（包括上海方言区的方言）是与嘉兴、嘉善、平湖连成一片的""无论以语言特征划分还是参考旧州府建置等因素来看，维持原来的苏沪嘉合为一片为好"[①]。黄晓东（2018）通过研究得出，"上海方言很多重要特点同嘉兴一致""将

---

① 钱乃荣：《上海话在北部吴语分区中的地位问题》，《方言》2006 年第 3 期。

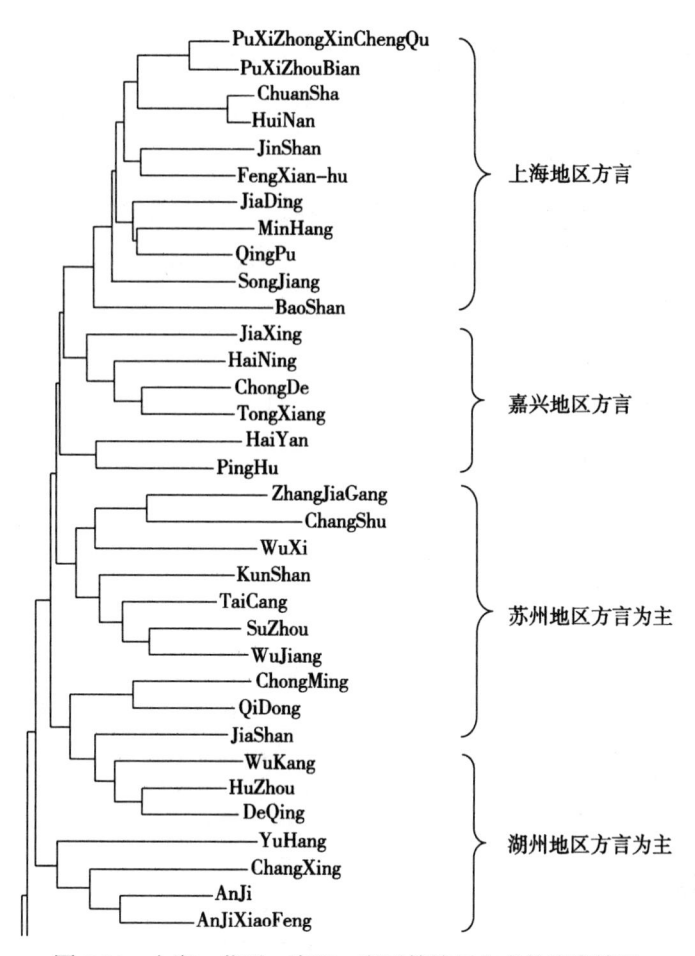

第 5 章　吴语徽语江淮官话分类研究

```
┌─ PuXiZhongXinChengQu ┐
├─ PuXiZhouBian         │
├─ ChuanSha             │
├─ HuiNan               │
├─ JinShan              │
├─ FengXian-hu          ├ 上海地区方言
├─ JiaDing              │
├─ MinHang              │
├─ QingPu               │
├─ SongJiang            │
└─ BaoShan              ┘

┌─ JiaXing   ┐
├─ HaiNing   │
├─ ChongDe   ├ 嘉兴地区方言
├─ TongXiang │
├─ HaiYan    │
└─ PingHu    ┘

┌─ ZhangJiaGang ┐
├─ ChangShu    │
├─ WuXi        │
├─ KunShan     │
├─ TaiCang     │
├─ SuZhou      ├ 苏州地区方言为主
├─ WuJiang     │
├─ ChongMing   │
├─ QiDong      │
└─ JiaShan     ┘

┌─ WuKang    ┐
├─ HuZhou    │
├─ DeQing    │
├─ YuHang    ├ 湖州地区方言为主
├─ ChangXing │
├─ AnJi      │
└─ AnJiXiaoFeng ┘
```

图 5-30　上海、苏州、嘉兴、湖州等地区方言的聚类情况

上海方言独立成小片，无疑割裂了上海方言和嘉兴方言之间的内在联系""上海方言与嘉兴方言既有历史渊源，又有许多现实共同点，因此不宜将二者生硬分割。综合来看，维持原来划分的苏沪嘉小片是最佳方案"[①]。图 5-30 的树形图聚类情况跟上述两位学者的叙述是一致的。我们赞同苏沪嘉的分片方案。

（2）本研究计量分析的结果建议把金华、衢州、丽水地区的方言分为金衢片和处衢片。

---

① 黄晓东:《也谈历史行政地理分析法在方言分区中的应用——以苏沪嘉地区为例》，《北方论丛》2018 年第 2 期。

金衢片这个概念在曹志耘的《南部吴语语音研究》[①]一书中首次提出。《中国语言地图集》（1987）把金华、衢州、丽水地区的方言分为婺州片、处衢片，而曹志耘将其分为金衢片和上丽片。

将图5-4中涉及金华、衢州、丽水地区方言的聚类情况截取出来，见图5-31和图5-32。从图5-31的聚类情况中可以看出，龙游、衢江方言跟金华地区方言聚类在一起。所以，我们认为"金衢片"这个名字能更好地显示方言的归属片以及反映方言之间的关系。曹志耘（2002）认为：从具体的语言特征来看，龙游、衢州方言具有许多重要的跟金华地区相同相近，但跟上丽片不同的地方，因而把龙游、衢州划为金衢片，更加符合这三个方言的自身特点[②]。

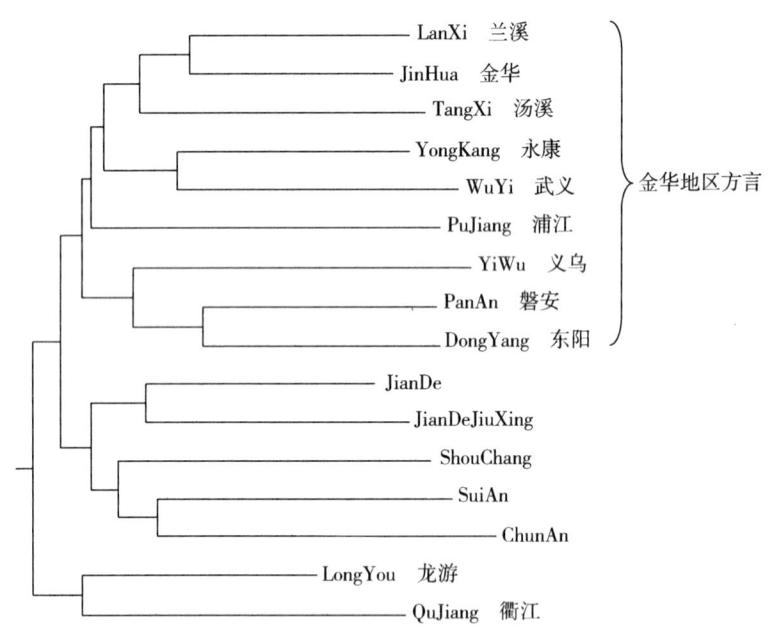

图 5-31　金华、衢州地区方言的聚类情况

图5-32的树形图分为两个较大的聚类，此处暂且按聚类1（云和、莲都、浙江景宁、泰顺吴语）和聚类2（庆元、龙泉、松阳、遂昌、江山、开化、常山）来说明。《中国语言地图集》（1987）处衢片处州小片包括丽

[①] 曹志耘：《南部吴语语音研究》，商务印书馆2002年版。
[②] 曹志耘：《南部吴语语育研究》，商务印书馆2002年版，第178—179页。

· 166 ·

水、缙云、宣平、云和、景宁畲族自治县、文成、青田、泰顺、庆元（东部）方言，处衢片龙衢小片包括庆元（东部竹坪、合湖以东除外）、龙泉、松阳、遂昌、衢州市、龙游、江山、开化、常山方言；《中国语言地图集》（2012）上丽片丽水小片包括云和、莲都、景宁畲族自治县、泰顺、庆元、龙泉、松阳、遂昌、宣平、青田、文成方言，上丽片上山小片包括淳安、江山、常山、开化方言。通过观察，我们发现，把龙游、衢江方言划到金衢片之后，图 5-32 中聚类 1 跟《中国语言地图集》（1987）处衢片处州小片、聚类 2 跟《中国语言地图集》（1987）处衢片龙衢小片基本一致，反而跟《中国语言地图集》（2012）上丽片的划分出入较大，特别是庆元、龙泉、松阳三处方言，跟遂昌、江山、开化、常山方言聚类到一起，更能说明这种一致情况。所以，我们认为"处衢片"这个名字比"上丽片"能更好地反映出图 5-32 的聚类情况，进而能更好地显示方言的归属片以及反映方言之间的关系。

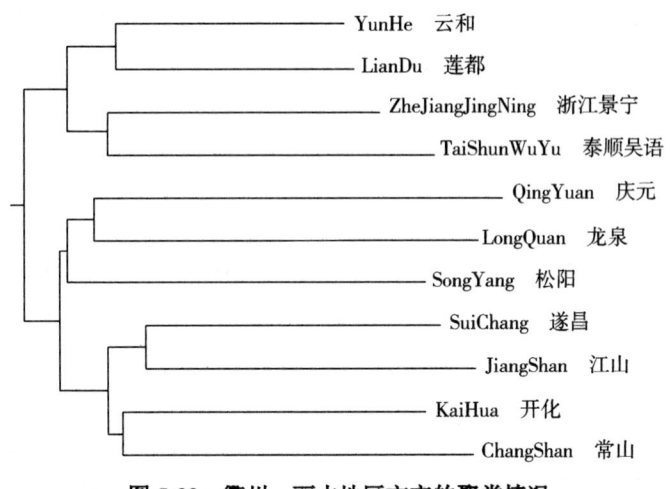

图 5-32　衢州、丽水地区方言的聚类情况

另外，据《衢州市志》（1994），衢州地区的方言可以分为两小片，一是龙游、衢州，二是开化、常山、江山[①]。图 5-31 和图 5-32 的树形图聚类情况反映出了现实的实际情况。

---

① 衢州市志编纂委员会：《衢州市志》，浙江人民出版社 1994 年版，第 1230—1236 页。

综合上述分析，参照前人研究的方言片命名，结合图 5-4、图 5-27、图 5-28、图 5-29、图 5-30、图 5-31、图 5-32 的方言聚类情况，我们将吴语划分为 8 个小片：太湖片、台州片、瓯江片、金衢片、处衢片、宣州片、严州片以及徽州片。其中太湖片可细分为 6 个小片：苏沪嘉小片、苕溪小片、临绍小片、甬江小片、杭州小片、毗陵小片。有意思的是，钱乃荣（2001，2017）谈到吴语时，是这样描述的："在吴语中，依据语言的相似度，可以分为 8 个次方言区，他们是：太湖片、台州片、瓯江片、婺州片、处衢片、宣州片、严州片、徽州片。由于严州、徽州方言与今吴语差异较大，有的人主张另将它划出称为'徽语'，但它较近的语言底层是吴语[①]。"我们计量研究的结果与之何其相似，这可能就是科学研究最令人期盼也最精彩的过程。

5.3.5 南北吴语的区分

综合上述 5.3.3 和 5.3.4 小节的分析，我们支持把徽语划归吴语，并分成 2 个小片，命名为吴语的"严州片"和"徽州片"，所以对图 5-33 进行修正，结果如图 5-33 所示。

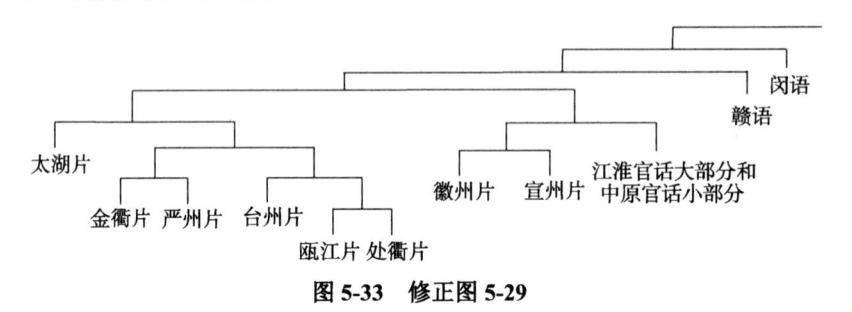

图 5-33　修正图 5-29

从图 5-33 的聚类情况中可以看出，就吴语来说，树形图分为三个较大的聚类，此处暂且按聚类 1（太湖片）、聚类 2（金衢片、严州片、台州片、瓯江片、处衢片）、聚类 3（徽州片、宣州片）来说明。其中，聚类 2（金衢片、严州片、台州片、瓯江片、处衢片）又分为三个聚类，此处暂且按聚类 2-1（金衢片、严州片）、聚类 2-2（台州片）、聚类 2-3（瓯江片、处

[①] 钱乃荣：《中国语言文学导论》，上海大学出版社 2001 年版，第 44 页。
钱乃荣：《上海话的前世今生》，上海书店出版社 2017 年版，第 1—2 页。

衢片）来说明。

关于吴语的内部分片，游汝杰在《吴语方言学》中谈到"三分法将吴语划分为三大区：北区，太湖片；南区，台州片、瓯江片、婺州片、丽衢片；西区，宣州片""吴语南区下位可以再分成温州、台州、金华三片……温州区：相当于旧温州府，但不包括泰顺、玉环，而包括青田东部；台州区：相当于旧台州府及温州府的玉环；金华区：相当于旧金华、衢州、处州（不包括青田东部）三府及温州府的泰顺县"[①]。《中国语言地图集》（1987）郑张尚芳的分区方案认为，吴语内部可以分为六片：北区太湖片，南区台州片、瓯江片、婺州片、处衢片，西区宣州片。《吴语的边界和南北分区》一文谈到吴语的南北分片时，是这样描述的，"北片指江苏南部，上海，浙江嘉兴、舟山、宁波、绍兴四地区，与杭州市天目溪、分水江、富春江两岸及以北部分（包括萧山、富阳、桐庐、分水、昌化）；南片指杭州市新安江流域（水库及周围，包括建德、淳安、寿昌、遂安），与金华、台州、丽水、温州四地区"[②]。按通行的说法，江苏省、上海市境内的吴语，浙江省内杭州市辖各区县、绍兴市辖各区县、舟山市辖各区县的吴语，宁波市辖除宁海岔路以南地区以外的吴语，温州市苍南县金乡镇内方言均属于北部吴语。金华市辖各区县、温州市辖各区县（除苍南金乡话）、丽水市辖各县市、衢州市辖各区县以及福建、江西两省的吴语均属于南部吴语。

对比前人研究，我们发现，图5-33聚类1跟北部吴语基本一致，聚类2跟南部吴语基本一致，聚类2-1、2-2、2-3的划分跟南部吴语的下位划分基本一致，聚类3跟西部吴语基本一致。所以，沿着前面5.3.3和5.3.4小节的分析思路，结合图5-33的方言聚类情况，我们将南北吴语做如下区分：太湖片为北部吴语，金衢片、严州片、台州片、瓯江片、处衢片为南部吴语，徽州片、宣州片为西部吴语。通过观察，我们发现，计量研究得到的南北吴语的划分跟《吴语的边界和南北分区》一文的吴语南北分片非常相似，这充分说明计量研究的结果是可信的，更重要的是这一聚类结果清晰

---

① 游汝杰：《吴语方言学》，上海教育出版社2019年版，第31页。
② 蔡勇飞：《吴语的边界和南北分区》，《方言》1984年第1期。

地区分了吴语的层次性以及反映了同属吴语的不同方言之间的亲疏远近程度，这是定性研究所无法比拟的。另外，图 5-37 聚类显示，就南部吴语的五片而言，瓯江片和处衢片关系比较近，金衢片和严州片关系比较近；相比金衢片和严州片，台州片更接近瓯江片和处衢片。就北部吴语即太湖片的六小片而言，苏沪嘉小片和苕溪小片关系比较近，临绍小片和甬江小片关系比较近，杭州小片和毗陵小片与其他小片关系比较远。

我们再回过头来观察图 5-2、图 5-3、图 5-4 的树形图，发现，从树图的第一层次来看，虽然吴语整体上形成三个聚类，即北部、南部、西部吴语，但太湖片杭州小片和太湖片毗陵小片并没有与太湖片其他小片聚类到一起，这两个小片单列一支，说明它们与其他方言具有不同的演变结果。可能它们与其他方言接触较多，借词成分较多，在核心词汇上没有方言跟它们相近，故没有归并到任何一个聚类中。对此，《汉语方言学大词典》提到"杭州话是一个半官话方言岛，是由吴语和官话混合而成的。北宋王朝南迁时带来的北方话和当地的吴语互相接触、交融造成后世混合型的杭州方言""杭州因是南宋首都，受官话的影响很大，跟周边吴语显著不同，可说是吴语地区一特大方言岛。杭州人说话，总体感觉是，像吴语地区的人在念书""宋代官话与当时吴语的交融是造成目前杭州城区话与周边吴语不同的主导因素"[1]。还有学者也提到了这两个小片吴语的接触情况，如"有些方言由于地域、移民等因素受官话影响比较大，比如吴语区的杭州话及常州、宜兴等毗陵小片吴语"[2]。"官话对北部吴语的影响很深，官话的影响在毗陵小片，杭州小片最大。"[3]

5.3.6 江淮官话的分片

江淮官话是官话方言中内部分歧较大、语言现象较为复杂的一支[4]。就

---

[1] 詹伯慧、张振兴：《汉语方言学大词典》，广东教育出版社 2017 年版，第 288 页。
[2] 郑伟：《古吴语的指代词"尔"和常熟话的"唔"》，《语言学论丛》第三十七辑，商务印书馆 2008 年版，第 114 页。
[3] 中华文化通志编委会编：《中华文化通志 18 第二典地域文化 吴越文化志》，上海人民出版社 2010 年版，第 332 页。
[4] 詹伯慧：《汉语方言及方言调查》，湖北教育出版社 2001 年版，第 65 页。

第5章 吴语徽语江淮官话分类研究

江淮官话的分区问题，学者们做了许多研究。

《合肥话音档》（1997）在书中"附论一：安徽方言概说的安徽方言分区"部分提到，安徽省境内的江淮官话洪巢片分江北、江南两部分[1]。这两部分的分布情况具体见书中阐述，此处不再罗列。

丁邦新（1998）将下江官话分为京话、苏中、滨海、皖南四区。京话指南京官话；苏中指以扬州、盐城为代表的江苏中部官话；滨海指以泰州、如皋为代表的江苏境内比较靠海的官话；皖南指以绩溪为代表的安徽南部方言[2]。

《江苏省志·方言志》（1998）将江苏省境内江淮官话分为扬淮片、南京片、通泰片[3]。

《安徽省志·方言志》（1997）把安徽省境内江淮官话分为合六片、滁嘉片和安芜片[4]。

《安徽江淮官话语音研究》（2006）把安徽的江淮官话分为两大片：安庆片和合肥片。安庆片可以分为桐庆片和池枞片；合肥片可以分为庐州片、芜湖片、淮南片[5]。

《中国语言地图集》（2012）将江淮官话分为洪巢、黄孝、泰如3片。洪巢片分布在江苏、安徽境内，江苏省和安徽省江淮官话区的大部分都属于这一片；黄孝片主要分布在湖北省东部及安徽、江西等地的25个县市；泰如片主要分布在江苏长江以北地区的东南部和江中州岛。其中，洪巢片分布范围较广，主要是指我国五大淡水湖中的洪泽湖和巢湖为周边的大片区域。

《近代江淮官话语音演变研究》（2014）在尊重《中国语言地图集》对江淮官话分区的基础上，依据行政区划和地理特点对洪巢片进行了下位分区：

---

[1] 侯精一主编，李金陵编写：《合肥话音档》，上海教育出版社1997年版，第38页。
[2] 丁邦新：《论官话方言研究中的几个问题》，《丁邦新语言学论文集》，商务印书馆1998年版，第209—245页。
[3] 江苏省地方志编纂委员会：《江苏省志·方言志》，南京大学出版社1998年版，第26页。
[4] 安徽省地方志编纂委员会：《安徽省志·方言志》，方志出版社1997年版，第91页。
[5] 孙宜志：《安徽江淮官话语音研究》，黄山书社2006年版，第122页。

把分布于安徽省的洪巢片称为皖中洪巢片，简称皖中片，因为其主体处于安徽中部，实际上还包括皖南的一些县市；把分布于江苏省长江以北的洪巢片称为扬淮片，扬州、淮安在这一区域之内；把分布于江苏省长江以南的洪巢片称为苏南洪巢片，简称苏南片，本片较小，但是南京处在这一区域之内，历史地位非常重要[①]。也就是说，该文把江淮官话分成三片五小片：黄孝片、洪巢片、泰如片，其中洪巢片又分皖中片、扬淮片、苏南片。

王荣波（2017）[②]从语音特征角度出发，搜集了 56 个县市级方言点的 28 条语音特征，对江淮官话洪巢片进行聚类分析。其结果表明，洪巢片大致分为两大片十小片，两大片分别为淮东片，下分连云港片、盐城片、扬州片、淮安片四个小片；淮西片，下分合肥片、安庆片、南京片、芜湖片、滁州片、巢湖片六个小片。同时文中也注明了小片名称及划分是用地区行政中心代表周边的方言点。完整的聚类分析结果见文中阐述，此处不再罗列。

除此之外，还有其他学者也对江淮官话洪巢片的下位小片进行了描述，如："江淮官话分布区域较广，本书以江淮官话洪巢片的连云港小片作为代表。连云港小片的江淮官话以海州话为代表，范围包括市区、灌云县、灌南县北部、东海县南部及沭阳县的部分地区。"[③] "当涂县的江心洲及沿江地区属于江淮官话洪巢片的芜湖小片"[④] "六安市区（金安区、裕安区）、舒城、霍山、金寨县（西北部除外），它们属于江淮官话洪巢片庐州小片（庐州官话），和合肥话属于同一语系分支。"[⑤] "安徽六安属于江淮官话洪巢片庐州小片；安徽滁州属于江淮官话洪巢片南京小片。"[⑥]此外，已出版的洪巢片所属地区的一些县市志中有对该县市方言介绍的材料，提到方

---

① 冯法强：《近代江淮官话语音演变研究》，博士学位论文，南开大学，2014 年。
② 王荣波、贾桂云：《聚类分析在方言分区上的应用——以江淮官话洪巢片为例》，《国际汉语学报》2017 年第 1 期。
③ 邓彦：《贵州屯堡话与明代官话比较研究》，南京师范大学出版社 2017 年版，第 201 页。
④ 张程刚、张韵：《当涂民歌传承与创新研究》，安徽师范大学出版社 2019 年版，第 104 页。
⑤ 许茹：《品读 文化安徽丛书 方言安徽》，合肥工业大学出版社 2015 年版，第 148 页。
⑥ 黄立鹤：《基于多模态语料库的语力研究：多模态语用学新探索》，上海外语教育出版社 2018 年版，第 110—111 页。

第5章 吴语徽语江淮官话分类研究

言归属小片时，涉及的小片名称有洪巢片蓉九小片、洪巢片建盐小片、洪巢片南京小片、洪巢片海伊小片等等。因为方言只是其中的一小章，介绍都比较简略，且编写人的水平良莠不齐，因此价值大小不一，但从侧面也说明了江淮官话洪巢片方言较为复杂，其内部可再细分。

由上述研究，我们发现，学者们对于江淮官话的分片多有讨论，有趋同也有分歧。趋同的是大家基本尊重《中国语言地图集》(2012)关于江淮官话三大片的划分，即黄孝片、洪巢片、泰如片；分歧的是洪巢片太大，其内部细分各家的研究不一致，说明该片情况比较复杂，有必要更加深入的研究。

洪巢片是江淮官话中最大的一片，均分布在长三角区域，涉及地域广泛，与泰如片和黄孝片相比，它地域最广，使用人口众多，内部方言点之间的特征差异比较显著。洪巢片没有下位概念，例如，合肥话、盐城话都是洪巢片，而实际上合肥话、盐城话有不同于其他地方的特征。合肥周边的方言多具有中古止摄字擦音化、中古疑母影母开口呼字读同日母等特征，而这样的特点不同于洪巢片其他地方；盐城等地具有中古全浊声母仄声字白读很大比例送气、中古阳声韵大面积脱落鼻音韵尾等特征点，在洪巢片其他地区也较为少见。再比如，安徽境内的洪巢片与江苏境内的洪巢片在古知庄章今读平翘舌问题上存在差异，安徽境内洪巢片多读翘舌音，江苏境内洪巢片除南京外多读平舌音；安徽境内的洪巢片与江苏境内的洪巢片在端组是否擦化的问题上也存在差异，安徽境内洪巢片多擦化，江苏境内洪巢片不擦化。江淮官话洪巢片的划分明确了各方言点的归属，但还不能反映内部比较复杂的情况以及各方言点之间的亲疏和差异层次。因此有必要对洪巢片再进行进一步的分区，这是承认各地区方言的独特性，承认这些地区方言之间的距离，使各地方言亲疏关系分出层次。

从图5-4的聚类情况中可以看出，就江淮官话来说，树形图分为七个较大的聚类，我们将江淮官话划分为连阳片、合肥六安南京片、黄孝片（部分）、宣城马鞍山芜湖片、泰如片、盐城片、淮扬镇片，具体阐述见5.3.2江淮官话部分。

综合上述分析，我们可以看出，图5-4树形图江淮官话的七个较大的聚类整体上是稳定的。就本书研究的217种方言来说，其涉及的江淮官话的聚类结果可以用表5-4表示。需要说明的是，表5-4是大致的方言分类，同一单元格内的方言关系比其他单元格内的方言关系近；具体的片、小片、方言点之间的聚类关系，方言间的亲疏关系程度以及和整体之间的相互关系见图5-4。

表5-4　江淮官话各片方言聚类结果表

江淮官话	洪巢片	连阳片	连云港、灌云、灌南、泗阳、沭阳
		合肥六安南京片 合肥六安小片	蜀山、六安、巢湖、安庆
		南京小片	南京、六合、浦口
		宣城马鞍山芜湖片	宣城、广德、无为、郎溪、镜湖、马鞍山、芜湖
		淮扬镇片 淮安小片	淮安、楚州、涟水、洪泽、盱眙、金湖
		扬镇小片	扬州、江都、仪征、镇江、句容、宝应、高邮
		盐城片	射阳、阜宁、滨海、建湖、响水、盐城
	泰如片		泰兴、靖江东兴、兴化、姜堰、泰州、东台、如东、如皋、海安、大丰
	黄孝片（部分）		池州、枞阳、桐城、青阳
	归属小片待定		扬中、天长等

5.3.7　未聚类方言

本次计量研究的分析对象是217个汉语方言点，其中有14个方言未聚类到图5-4中的方言片中，即萧山、诸暨、昌化、桐庐、新登、富阳、柯城、高淳、丹阳、南通、溧水、天长、扬中、景宁。这14个方言单列一支，未与其他方言聚类归并在一起，说明它们与其他方言具有不同的演变结果，可能它们与其他方言接触较多，借词成分较多，在核心词汇上没有方言跟它们相近，故没有归并到任何一个聚类中。对此，袁家骅等（2001）提到"有些地方话的性质不易归类，例如江苏南通话，有七个声调近似吴语，古全浊声母变送气清音类似客家话，从词汇和语法特点看又应该当作下江官话（江淮方言）看待，属于北方话系统"[①]。

5.3.8 吴语徽语江淮官话之间的关系

综上所述，本研究支持把徽语划归吴语，成为吴语的一个小片，且将徽语分成 2 个小片，分别命名为吴语的"严州片"和"徽州片"。最终，我们将吴语划分为 8 个小片：太湖片、台州片、瓯江片、金衢片、处衢片、宣州片、严州片、徽州片；太湖片为北部吴语，金衢片、严州片、台州片、瓯江片、处衢片为南部吴语，徽州片、宣州片为西部吴语。吴语徽语江淮官话之间的聚类情况如图 5-34。图 5-34 是大致的方言聚类，具体的片、小片、方言点之间的聚类关系，方言间的亲疏关系程度以及和整体之间的相互关系见图 5-4。

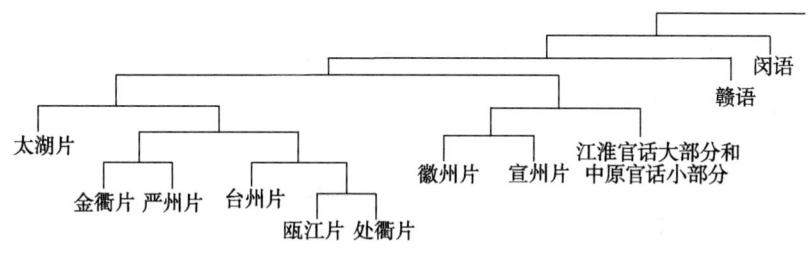

图 5-34 吴语徽语江淮官话之间的关系聚类

从图 5-34 我们可以看出吴语、徽语、江淮官话的聚类关系，即瓯江片和处衢片关系比较近，金衢片和严州片关系比较近；相比金衢片和严州片，台州片更接近瓯江片和处衢片；徽州片和宣州片关系比较近；相比吴语其他小片，徽州片和宣州片更接近官话。吴语各小片中，徽州片和宣州片受官话的影响较大，走上了不同的演变道路。

---

① 袁家骅等：《汉语方言概要》（第二版），语文出版社 2001 年版，第 22 页。

结　语

本书收集和整理了 217 个汉语方言点的斯瓦迪士 100 核心词，即上海市 12 个方言点、江苏省 70 个方言点、浙江省 90 个方言点、安徽省 45 个方言点，利用改进编辑距离算法计算语音相似关系得到了吴语、徽语、江淮官话之间的层次关系，具体的片、小片、方言点之间的聚类关系，方言间的亲疏关系程度、方言分类的层次性以及和整体之间的相互关系见图 5-4（见本书第 132 页），整体的聚类关系见图 5-34（见本书第 175 页）。

本研究另辟蹊径，采用一种暂不涉及具体争议点的方法，例如方言特征的选择、典型性特征的多少、特征共享数量等，让计算机客观发现方言之间相似关系。这样的尝试开辟了另外一条方言研究的新途径，给我们带来全新的认识汉语方言关系的视角。现总结如下：

（1）本书借助于计算机技术，基于斯瓦迪士的 100 核心词，利用改进编辑距离算法以及生物学上的种系发生树理论和方法，全面计算和评价汉语方言之间的相似关系，并做出可信度较高的方言关系的科学分类，从而构建出一套用于方言关系研究的较科学的分类方法体系。

（2）编辑距离分类是基于语音相似性得到的，这种相似性既可能是谱系相近的结果，也可能是语言接触造成的（尽管我们对此做了处理，具体见第 3 章 3.5.2 部分的叙述），历史比较的分类在理想情况下只是基于谱系相近而得到。然而，编辑距离分类结果与历史比较分类结果的一致性表明，语言接触对核心词汇的语音相似度的影响很小。

更为重要的是，由于编辑距离可无限快速地生成组语言的比较，因此

结　语

可以很容易地实现对以前从未比较过的许多语言的比较，它能够提供发现许多以前没有观察到的语言关系的可能性，这些可能的语言关系可以被专家详细研究和评估，从而为历史比较研究指明可能的前进方向。另外，传统的历史比较只能同时处理很小的一部分语言，有学者曾经指出，要把世界上所有的语言分类，需要一千名学者花上一千年的时间。现在有了高性能计算机，编辑距离为实现这一目标提供了一种可能性，进而构建一种"传统历史比较+创新计量研究"的立体的语言关系研究路径。以上都是该研究的价值魅力所在。

（3）与传统的方言学研究不同，本书方法利用数学算法和计算机程序来进行，其特点是可反复使用和验证，而可反复测量和验证研究对象则是科学研究的一个重要特点。这为解决长久以来学界利用传统方法产生的方言分类而引起的争论，提出一个以采用计量方法分类为样品的参考。

（4）本书方法能自动对方言进行分类，并且可以将这一套客观的方法应用于非常大的方言样本，这有利于大规模的方言数据的统计研究，同时可以揭示之前未知的方言发生关系。

（5）本书的方言分类方法只用方言田野调查得来的记音即可做到，无需对语料做进一步加工处理，如同源词和借词的界定等。

（6）传统语言学由于研究者掌握的语言材料不一，语言分类研究的深度和分类的标准不同，从而导致语言分类的结果不一，议论纷纭，并且语言材料比较过程耗时耗力。语言学研究的最重要的任务之一是辨别表征语言的有差异的语言结构，以及发现语言的历史，而这些需要借助于快速的、精确的语言分类。本书的主要目的也正在于此。

（7）语言分类的目的是为了能够科学地认识语言之间的亲疏关系，语言的分类可提供亲属语言分化与融合的线索，进而帮助人们去深入认识和理解语言发展的内部规律。假如发现一种新的语言或方言，此时并不知它归属哪个语族或语支（传统语言学需利用历史比较法做出推断，耗时耗力），可借助于本书的理论和方法对其作出分类，然后再进一步研究其语言结构和历史。

（8）提供一条新的语言研究思路。传统思路：田野调查——历史比较等——语言结构、系属分类及其发展历史等。而基于本书的理论和方法可尝试新的语言研究思路，即田野调查——系属分类以及与其他语言的亲疏关系和亲缘距离——历史比较等——语言结构及其发展历史等。也就是说，在对语言进行历史比较的过程中，可以辅之以本书方法对语言进行观察。比如对于新发现语言，可以利用本书方法计算该语言跟哪个或哪些语言关系比较近，从而为历史比较指明一条思路，再结合历史比较法确定该语言与其他语言之间的关系。

（9）传统汉语方言层次划分按"点—小片—片—区—大区"的层次进行划分，但体现不出方言的亲疏远近程度以及其与整体之间的相互关系，对于同分区不同层次之间或不同分区相同层次之间方言关系的分歧程度是没法描述的，无法从整体上去把握方言簇内部的错综复杂的方言关系。借助于计算机技术，利用生物信息学上的种系发生树理论和方法，本研究生成的方言关系树形图能够改进传统方言学的分类层次，不但可以兼顾传统方言学分类的层次性，而且能够更好地反映出方言的亲疏远近程度以及其与整体之间的相互关系，同时也能明确地显示出层次内部和层次之间方言的相对距离，以及各层方言与原始方言间的绝对距离（即树形图树枝和树根之间的距离）。

（10）与诸家分类对比，本书解决了高一层次和低一层次方言的系属关系问题以及各种方言的亲疏关系，大区、区、片、小片、方言点之间的关系清晰可见，为长久以来学术界因为传统方言学研究分类产生的方言系属归类争论提供了一些自己的看法。值得注意的是，本书得到的方言分类结果与前人研究基本一致，这也说明了本书分类的合理性、可信性和科学性。

（11）本书以田野调查记音获得的原生语言材料为基础来计算语言间的相似关系和分支过程，进而从计量的角度在一定程度上弥补了历史比较语言学的不足，也为计量法提供了新思路、新方法。另外，需要特别注意的是，本书所提出的计量研究方法可应用于差别较大、关系较远的语言的研究，这也是历史语言学方法所无可比拟的。

（12）通过计算机的运算而不是人工的判断来进行语言分类，在操作语言数目一样的情况下，运用相同的计算机程序就可以得到前后一致的结果，而不像传统语言学那样，结果容易引起争议。而且计算的结果可以重复操作和验证，任何人包括无经验的人员都可以进行操作。本书方法的整个计算过程标准化、数量化，在一定程度上避免了主观判断所带来的随意性。

（13）本书进一步验证了斯瓦迪士的100核心词可以用于汉语方言关系及分类的研究中。

（14）本研究利用计算机程序进行，计算机计算速度快，可以同时处理大批量的方言数据，这也是传统方言研究所无法想象和无法比拟的，在一定程度上弥补了传统方言学研究的不足。

（15）方言鉴定和选择、外群的选择、系统发育关系的探讨以及分类的建立都离不开传统的建立在历史语言学上的已有成果，因此可以说，本书方法也只是传统方言学研究的补充，虽然它显得很标新立异。

陈原教授给语言学家陆致极的一封信中曾经说过："现今的方言研究，循着老方法是很难得到突破性发现的。只有完成从定性到定量分析（然后反过来进行定性工作）的过渡，语言学才能找到自己的新天地。"[①]李如龙也曾经说过："研究语言时重视计量研究这是现代的汉语研究工作的一大进步。"[②]我们相信，对方言的定量分析这一方法在今后的方言研究上一定会发挥更大的作用。

[①] 陆致极：《汉语方言数量研究探索》，语文出版社1992年版，"前言"第1页。

[②] 李如龙：《汉语方言的比较研究》，商务印书馆2001年版，第28页。

参考文献

一 中文文献

安徽大学汉字发展与应用研究中心编：《汉语言文字研究》第二辑，上海古籍出版社 2018 年版。

安徽省地方志编纂委员会：《安徽省志·方言志》，方志出版社 1997 年版。

鲍明炜：《江淮方言的特点》，《汉语方言学会第六届年会论文集》，1991 年。

鲍明炜：《南京方言历史演变初探》，《语言研究集刊》第一辑，江苏教育出版社 1986 年版。

北京大学汉语语言学研究中心、《语言学论丛》编委会编：《语言学论丛：第三十七辑》，商务印书馆 2008 年版。

北京大学中国语言文学系语言学教研室：《汉语方言词汇》，文字改革出版社 1964 年版。

北京大学中国语言文学系语言学教研室：《汉语方音字汇》，文字改革出版社 1962 年版。

北京大学中国语言文学系语言学教研室：《汉语方言词汇》，语文出版社 1995 年版。

蔡勇飞：《吴语的边界和南北分区》，《方言》1984 年第 1 期。

曹志耘：《汉语方言地图集》，商务印书馆 2008 年版。

曹志耘：《徽语严州方言研究》，北京语言大学出版社 2017 年版。

曹志耘：《南部吴语语音研究》，商务印书馆 2002 年版。

曹志耘：《吴徽语入声演变的方式》，《中国语文》2002 年第 5 期。

岑麒祥：《语言学史概要》，世界图书出版公司北京公司 2006 年版。

陈保亚：《从语言接触看历史比较语言学》，《北京大学学报》2006 年第 2 期。

陈保亚：《论语言接触与语言联盟》，语文出版社 1996 年版。

陈荣泽：《藏语方言的分布格局及其形成的历史地理人文背景》，《中央民族大学学报》（哲学社会科学版）2016 年第 2 期。

陈瑶：《徽州方言音韵研究》，博士学位论文，福建师范大学，2009 年。

陈章太、李如龙：《论闽方言的一致性》，《中国语言学报》1983 年第 1 期。

[丹麦]裴特生（Holger Pedersen）：《十九世纪欧洲语言学史=Linguistic Science in the Nineteenth Century: Methods and Results》，世界图书出版公司北京公司 2010 年版。

邓晓华：《汉藏语系的语言关系及其分类》，博士学位论文，华中科技大学，2006 年。

邓晓华、王士元：《藏缅语族语言的数理分类及其分析》，《中国语文》2003 年第 4 期。

邓晓华、王士元：《壮侗语族语言的数理分类及其时间深度》，《中国语文》2007 年第 6 期。

邓晓华、王士元：《苗瑶语族语言亲缘关系的计量研究—词源统计分析方法》，《中国语文》2003 年第 3 期。

邓彦：《贵州屯堡话与明代官话比较研究》，南京师范大学出版社 2017 年版。

丁邦新：《董同龢先生语言学论文选集》，食货出版社 1974 年版。

丁邦新：《论官话方言研究中的几个问题》，《丁邦新语言学论文集》，商务印书馆 1998 年版。

丁邦新：《汉语方言区分的条件》，《丁邦新语言学论文集》，商务印书馆 1998 年版。

董绍克等：《汉语方言词汇比较研究》，商务印书馆 2013 年版。

冯法强：《近代江淮官话语音演变研究》，博士学位论文，南开大学，2014 年。

傅国通等：《浙江吴语分区》，《浙江省语言学会〈语言学年刊〉第三期 方言专刊》1985 年第 9 期。

侯精一：《现代汉语方言概论》，上海教育出版社 2002 年版。

侯精一主编，李金陵编写：《合肥话音档》，上海教育出版社 1997 年版。

黄立鹤：《基于多模态语料库的语力研究：多模态语用学新探索》，上海外语教育出版社 2018 年版。

黄晓东：《吴徽语古上声的演变》，《东方语言学》2014 年第 1 期。

黄晓东：《也谈历史行政地理分析法在方言分区中的应用——以苏沪嘉地区为例》，《北方论丛》2018 年第 2 期。

江荻：《20 世纪的历史语言学》，《中国社会科学》2000 年第 4 期。

江荻：《核心词的确切含义及词频导向的构建方法》，《中文学术前沿 第二辑》，浙江大学出版社 2011 年版。

江荻：《基本层次范畴与核心词集构建》，《语言学论丛 第 38 辑》，商务印书馆 2008 年版。

江苏省地方志编纂委员会：《江苏省志·方言志》，南京大学出版社 1998 年版。

李方桂：《中国的语言和方言》，《民族译丛》1980 年第 1 期。

李方桂：《中国年鉴·中国的语言和方言》，商务印书馆 1937 年版。

李荣：《官话方言的分区》，《方言》1985 年第 1 期。

李荣：《汉语方言的分区》，《方言》1989 年第 4 期。

李如龙：《汉语方言的比较研究》，商务印书馆 2001 年版。

李如龙、陈章太：《论闽方言内部的主要差异》，《中国语言学报》1985 年第 2 期。

梁金荣：《桂北平话语音研究》，博士学位论文，暨南大学，1997 年。

梁敏：《仡央语群的系属问题》，《民族语文》1990 年第 6 期。

林天送、范莹：《闽方言的词源统计分类》，《语言科学》2010 年第

6 期。

刘丹青：《南京话音档》，上海教育出版社 1997 年版。

刘丹青、陆丙甫：《语言类型学集刊》（第一辑），世界图书出版有限公司北京分公司 2017 年版。

鲁国尧：《泰州方音史与通泰方言史研究》，Computational Analyses of Asian and African Languages 第 30 期，日本东京外国语大学亚洲言语文化研究所，1988 年。

陆致极：《汉语方言间亲疏关系的计量描写》，《中国社会科学》1987 年第 1 期。

陆致极：《汉语方言数量研究探索》，语文出版社 1992 年版。

陆致极：《计算语言学导论》，上海教育出版社 1990 年版。

陆致极：《闽方言内部差异程度及分区的计算机聚类分析》，《语言研究》1986 年第 2 期。

罗森林、潘丽敏、马俊：《生物信息处理技术与方法》，北京理工大学出版社 2015 年版。

马希文：《比较方言学中的计量方法》，《中国语文》1989 年第 5 期。

毛宗武、李云兵：《炯奈语研究》，中央民族大学出版社 2002 年版。

平田昌司：《徽州方言研究》，日本：好文出版社 1998 年版。

钱乃荣：《上海话的前世今生》，上海书店出版社 2017 年版。

钱乃荣：《上海话在北部吴语分区中的地位问题》，《方言》2006 年第 3 期。

钱乃荣：《中国语言文学导论》，上海大学出版社 2001 年版。

衢州市志编纂委员会：《衢州市志》，浙江人民出版社 1994 年版。

孙宏开、胡增益、黄行：《中国的语言》，商务印书馆 2007 年版。

孙宏开、江荻：《汉藏语系历史研究沿革》，载《汉藏语同源词研究》之一：《汉藏语研究的历史回顾》，广西民族出版社 2000 年版。

孙宜志：《安徽江淮官话语音研究》，黄山书社 2006 年版。

汪锋、王士元：《基本词汇与语言演变》，《语言学论丛》第三十三辑，2006 年第 6 期。

王福堂：《关于客家话和赣方言的分合问题》，《方言》1998年第1期。

王福堂：《汉语方言论集》，商务印书馆2010年版。

王福堂：《徽州方言的性质和归属》，《中国语文研究》2004年第1期。

王荣波、贾桂云：《聚类分析在方言分区上的应用——以江淮官话洪巢片为例》，《国际汉语学报》第8卷第1辑，2017年第1期。

王士元、沈钟伟：《方言关系的计量表述》，《中国语文》1992年第2期。

王士元：《语言的变异及语言的关系》，刘娟、石锋译，《王士元语言学论文集》，商务印书馆2002年版。

王育德：《中国五大方言的分裂年代的言语年代学的试探》，《语言学材料》1962年第8期。

项梦冰、曹晖：《汉语方言地理学》，中国文史出版社2005年版。

谢·叶·雅洪托夫：《汉语史论集（唐作藩、胡双宝选编）》，北京大学出版社1986年版。

谢奇勇、邓玉荣：《土话平话与濒危汉语方言研究》，湖南师范大学出版社2020年版。

徐丹：《研究语言的新视角：语言和基因的平行演变》，《当代语言学》2015年第2期。

徐通锵：《历史语言学》，商务印书馆1991年版。

许茹：《品读 文化安徽丛书 方言安徽》，合肥工业大学出版社2015年版。

姚小平：《西方语言学史》，外语教学与研究出版社2011年版。

游汝杰：《汉语方言学教程》，上海教育出版社2004年版。

游汝杰：《苏南和上海吴语的内部差异》，《方言》1984年第1期。

游汝杰：《吴语方言学》，上海教育出版社2019年版。

袁家骅等：《汉语方言概要（第二版）》，语文出版社2001年版。

袁家骅等：《汉语方言概要》，文字改革出版社1960年版。

詹伯慧：《现代汉语方言》，湖北人民出版社1981年版。

詹伯慧、张日昇：《珠江三角洲方言综述》，广东人民出版社1990

年版。

詹伯慧、张振兴：《汉语方言学大词典》，广东教育出版社2017年版。

詹伯慧等：《汉语方言及方言调查》，湖北教育出版社2001年版。

张程刚、张韵：《当涂民歌传承与创新研究》，安徽师范大学出版社2019年版。

张昀：《生物进化》，北京大学出版社1998年版。

赵国屏等：《生物信息学》，科学出版社2002年版。

赵日新：《徽语的特点和分区》，《方言》2005年第3期。

赵日新：《徽语跟周围方言的关系——兼谈徽语的归属》，《第二届国际吴方言学术研讨会论文集》，2001年。

赵日新：《论官话对徽语的影响》，《首届官话方言国际学术讨论会论文集》，2000年。

赵日新：《赵日新方言研究文集》，北京语言大学出版社2019年版。

赵元任：《绩溪岭北音系》，《故院长胡适先生纪念论文集》（上册），载《历史语言研究所集刊》（第三十四本），中华书局1962年版。

赵志靖：《编辑距离与语言分类》，《宁波大学学报》（人文科学版）2018年第31卷第5期。

赵志靖：《基于编辑距离的江苏方言关系计量研究——对江苏70点方言的定量分析》，《语言研究》2022年第42卷第2期。

赵志靖：《江苏方言关系研究概况》，《现代语文》2020年第3期。

赵志靖、江荻：《基于编辑距离的语言分类研究》，《语言研究》2020年第40卷第2期。

赵志靖、江荻：《元音发音差别的量化研究》，《西北民族大学学报》（哲学社会科学版）2017年第5期。

赵志靖：《编辑距离在语言分类研究中的应用》，《现代语文》2018年第5期。

赵志靖：《东亚太平洋区域语言相似关系计量研究》，南京大学出版社2017年版。

郑锦全：《汉语方言亲疏关系的计量研究》，《中国语文》1988年第

2 期。

郑张尚芳：《皖南方言的分区（稿）》，《方言》1986 年第 1 期。

中国大百科全书总编辑委员会《语言文字》编辑委员会：《中国大百科全书（语言文字卷）》，中国大百科全书出版社 1988 年版。

中国社会科学院、澳大利亚人文科学院：《中国语言地图集》，朗文出版（远东）有限公司 1987 年版。

中国社会科学院语言研究所，中国社会科学院民族学与人类学研究所，香港城市大学语言资讯科学研究中心：《中国语言地图集》，商务印书馆 2012 年版。

中华文化通志编委会编：《中华文化通志 18 第二典地域文化 吴越文化志》，上海人民出版社 2010 年版。

周长发：《生物进化与分类原理》，科学出版社 2009 年版。

二 外文文献

Almeida, A., Zur Methodik der Datenaufbereitung in der Linguistik: Das Beispiel phonetischer Transkription, In Berger, L.（ed.）, *Sprechausdruck, Scriptor, Frankfurt am Main,* 1984, pp.111-122.

Almeida, A., Braun, A., "Richtig" und "falsch" in phonetischer Transkription; Vorschlage zum Vergleichvon Transkriptionen mit Beispielen aus deutschen Dialekten, *Zeitschrift fur Dialektologie und Linguistik*, LIII（2）, 1986, pp.158-172.

Almeida, A., Braun, A., What is Transcription? In Kurschner, W. and Vogt, R.（eds）, Grammatik, Semantik, Textlinguistik. Akten des 19. *Linguistischen Kolloquiums Vechta*, 1984, Vol.1, 1985, pp.37-48.

Bakker, D., A. Muller, V. Velupillai, S. Wichmann, C. H. Brown, P. Brown, D. Egorov, R. Mailhammer, A. Grant and E. W. Holman, Adding typology to lexicostatistics: a combined approach to language classification, *Linguistic Typology*, 2009, 13: 167-179.

Bolognesi, R. and W. Heeringa, *De invloed van dominante talen op het lexicon en de fonologie van Sardische dialecten*, In D. Bakker, T. Sanders, R. Schoonen and P. van der Wijst（eds.）, Gramma, 2002, 9（1）: 45-84.

Bradley, David, *East and South-East Asia*, In Atlas of the World's Languages, Christopher Moseley and R.E.Asher,eds. , Routledge: London, 1994, pp.159-192.

Brown, C. H., E. W. Holman, S. Wichmann and V. Velupillai, Automated classification of the World's languages: A description of the method and preliminary results, *STUF-Language Typology and Universals*, 2007, 61: 285-308.

Chao, Yuen Ren（赵元任）, Languages and dialects in China, *The Geographical Journal*, CII2:6366.1943.

Gooskens, C. and W. Heeringa, Perceptive evaluation of Levenshtein dialect distance measurements using Norwegian dialect data, *Language Variation and Change*, 2004, 16（3）: 189-207.

Gooskens, C., *Experimental methods for measuring intelligibility of closely related languages varieties*, In R. Bayley, R. Cameron, and C. Lucas （eds.）, The Oxford Handbook of Sociolinguistics, 195-213. Oxford: Oxford University Press, 2013.

Gooskens, C., The contribution of linguistic factors to the intelligibility of closely related languages, *Journal of Multilingual and Multicultural Development*, 2007, 28（6）, 445-467.

Greenhill, S. J., Levenshtein Distances Fail to Identify Language Relationships Accurately, *Computational Linguistics*, 2011, 37（4）: 689-698.

Heeringa, W., *Measuring Dialect Pronunciation Differences Using Levenshtein Distance*, Ph.D. dissertation, Groningen: University of Groningen, 2004.

Holman, E. W., S. Wichmann, C. H. Brown, V. Velupillai, A. Muller and D. Bakker, Explorations in automated lexicostatistics, *Folia Linguistica*, 2008, 42: 331-354.

Kessler, B., *Computational dialectology in Irish Gaelic*, Proceedings of the 7th Conference of European Chapter of the Association for Computational Linguistics, 60-66. Dublin: Morgan Kaufmann, 1995.

Kurschner, S., C. Gooskens and R. van Bezooijen, Linguistic determinants of the intelligibility of Swedish words among Danes, *International Journal of Humanities and Arts Computing*, 2008, 2（1-2）：83-100.

Li, Fang Kuei（李方桂）, *Languages and Dialects*, The Chinese Year Book （1936-37, Second Issue）, Shanghai, 1937。

Lyle Campbell, *Historical Linguistics:an introduction-2nd edition*, 世界图书出版公司北京公司2008年版。

Nerbonne, J. and C. Siedle, Dialektklassifikation auf der Grundlageaggregierter Ausspracheunterschiede, *Zeitschrift fur Dialektologie und Linguistic*, 2005, 72（2）：129-147.

Nerbonne, J., W. Heeringa, E. van den Hout, P. van de Kooi, S. Otten and W. van de Vis, *Phonetic distance between Dutch dialects*, In D. Gert, W. Daelemans and S. Gillis（eds.）, Proceedings of Computer Linguistics in the Netherlands '95, 186-202. Antwerpen: Centre for Dutch Language and Speech, 1996.

Paul Sidwell, Classifying the Austroasiatic languages: History and state of the art, *Published by LINCOM Gmbh*, 2009, p.49.

Paul Sidwell, Issues in Austroasiatic Classification, *Language and Linguistics Compass*, 2013, 7/8: pp.437-457.

Petroni, F. and M. Serva, Language distance and tree reconstruction, *Journal of Statistical Mechanics: Theory and Experiment*, 2008（8）：8-12.

Serva, M. and F. Petroni, *Indo-European languages tree by Levenshtein distance*, EPL（Europhysics Letters）, 2008, 81（6）：68005.

Teeter, K.V., Lexicostatistics and genetic relationship, *Language*, 1963（39）.

Tria, F., E. Caglioti, V. Loreto and A. Pagnani, A stochastic local search approach to language tree reconstruction, *Diachronica*, 2010, 27（2）：341-358.

van der Ark, R., P. Mennecier, J. Nerbonne and F. Manni, *Preliminary Identification of Language Groups and Loan Words in Central Asia*, In Proceedings of the RANLP Workshop on Computational Phonology, 2007, pages 12-20, Borovetz.

Wagner, Heinrich, Linguistic atlas and survey of Irish dialects（1958-1969, Vol.4）, *Dublin Institute for Advanced Studies*, 1958.

Wang, William S-Y, *A quantitative study of Zhuang-Dong Languages,* 《中国语言学论集》，内山书店 1995 年版。

Wang, William S-Y, *Glottochronology, lexicostatistics, and other numerical methods,* Encyclopedia of Language and Linguistics, Pergaman Press, 1993 年版。

三 电子文献

国际语音学会网站, https://www.internationalphoneticassociation.org/sites/default/files/IPA_Kiel_2015.pdf。

中国语言资源保护工程采录展示平台, https://zhongguoyuyan. cn/。

Molecular Evolutionary Genetics Analysis, http://www.megasoftware.net.